Palabras de Motivacion para la Vida Diaria

Sara Aponte

Zeta Publishing
Ocala, FL

Copyright © 2018 Sara Aponte

All rights reserved. No part of this publication may be reproduced, distributed, or transmitted in any form or by any means, including photocopying, recording, or other electronic or mechanical methods, without the prior written permission of the publisher, except in the case of brief quotations embodied in critical reviews and certain other noncommercial uses permitted by copyright law. For permission requests, write to the publisher, addressed "Attention: Permissions Coordinator," at the address below.

Zeta Publishing, Inc
3850 SE 58th Ave
Ocala, FL 34480
www.zetapublishing.com

Ordering Information:
Quantity sales. Special discounts are available on quantity purchases by corporations, associations, and others. For details, contact the publisher at the address above.
Orders by U.S. trade bookstores and wholesalers. Please contact Zeta Publishing: Tel: (352) 694-2553; Fax: (352) 694-1791 or visit www.zetapublishing.com

ISBN: 978-1-947191-99-0 (sc)
ISBN: 978-1-7327914-0-4 (e)

Library of Congress: 2018958394
Printed in the United States of America

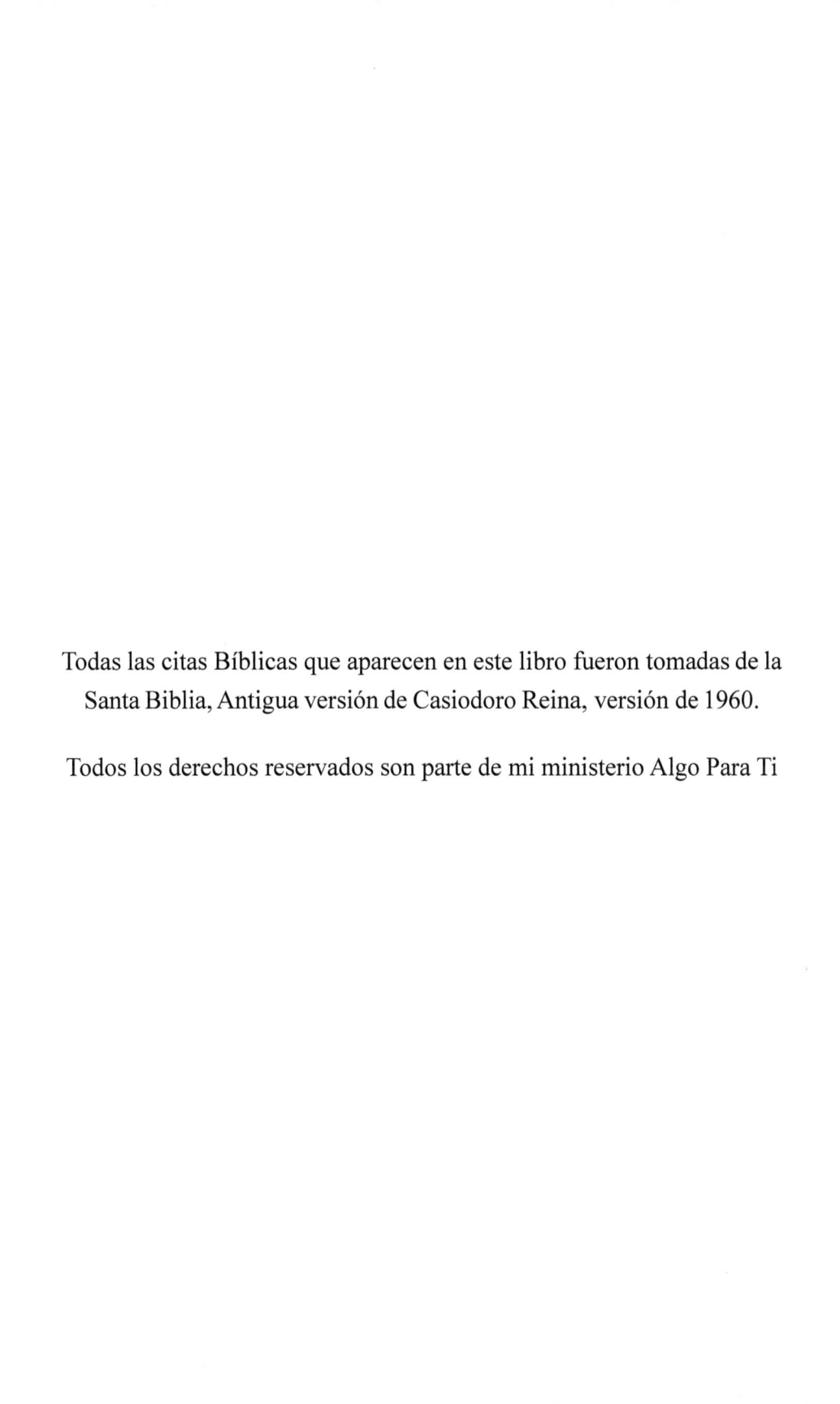

Todas las citas Bíblicas que aparecen en este libro fueron tomadas de la Santa Biblia, Antigua versión de Casiodoro Reina, versión de 1960.

Todos los derechos reservados son parte de mi ministerio Algo Para Ti

Dedicación y Agradecimiento

Dedico este libro a mi esposo Luis que me es de gran apoyo. A mis hijas Zulma y Amanda, mis dos nietos Jorge Luis y Josiah y mis tres nietas Alayah Jasara, Jenesis A'Marie, y Janiyah Julissa. Sin olvidar mis yernos Jorge y Jonathan.

Agradezco a mi Señor por la unción y la revelación de todo este material. A mi hermano en Cristo y amigo Rey Ortiz por su gran ayuda, sin la cual no hubiese logrado este Proyecto.

Contenido

Volumen 1
Acerca Del Autor 1
¡Esfuérzate y se Valiente!... 2
La Misericordia De Dios.. 5
El Ladrón 7
Para Ti Joven... 9
El Amor 14
La Navidad... 17
Otra Oportunidad 19
Cuando La Vida Se Acaba 22
Recordando a mis Padres 23
El Regalo 24
Enero 25

Volumen 2
El Amor Que Cubre Pecados 28
Entre La Espada Y La Pared 32
Prioridades 35
La Sangre que Limpia... 37
Modelando Los Frutos Del Espíritu.. 40
El Socorro Divino 41
Algo Sobre La Muerte 43
Cristo La Navidad 47
La Importancia De La Amistad... 50
Conociendo Tu Propósito... 52
La Mujer Realizada... 54
¿Dónde están los que te acusan?... 57
En Busca Del Amor Que Ya Tienes 63
La Medicina Que Necesitas, La Palabra De Dios...................... 70
Dios No Te Quiere Caído... 80

¡Esfuérzate y se Valiente!

Este mensaje es para ti mujer que estás pasando por pruebas y dificultades de las cuales piensas eres la única o que no hay solución a tus problemas. Pero por experiencia propia quiero decirte que no estás sola. Porque Él dijo: "No te dejaré, ni te desampararé." Hebreos 13:5b. Dios está contigo, Él ha prometido no dejarnos.

Este mensaje es especialmente para ti mujer, madre o esposa de un confinado o preso. Tal vez vivas cómoda en todos los aspectos materiales. Tal vez vivías tranquila y de la noche a la mañana, tu hijo o tu esposo, comienzan a llevar un tipo de vida que tú sabes no es el acostumbrado.

La mayor parte de los casos tú le sirves al Señor, pero él no. Todos los esfuerzos, todas tus oraciones sientes que no tienen contestación. Tal vez, no estas orando bien o de la manera más correcta para tu situación.

Mientras tanto tu esposo, el todo de tu casa, cae preso. Hay deudas, hay responsabilidades que atender y que contabas con el salario de esa persona. Tienes niños pequeños, si los dejas para irte a trabaja, esos niños van a experimentar un doble choque, una doble perdida, la de su padre que ahora está preso y la de su madre que se va al trabajo. Cuando llegas a la casa estas tan cansada que no tienes fuerzas para bregar con ellos.

Llega la correspondencia y hay muchos pagos que hacer. Con lo que ganas puedes escasamente traer sustento a tus hijos. Llegan estas preguntas a tu mente, ¿Que hago Señor ?, ¿Como salgo de esta situación? Quieres acostarte y que al despertar ya todo haya pasado. Sientes deseos de salir corriendo y no mirar atrás. Sientes que te has metido en un túnel del cual no hay salida. Lo vez todo obscuro, no vez la luz al final del túnel.

Te encierras en el cuarto a llorar y hacer preguntas que no tienen respuestas. ¿Porque vino esto a mi vida? Tal vez estabas pidiéndolo sin contar con las consecuencias. Tal vez decidiste en tu vida buscar más de Dios y servirle de una manera mayor. Decidiste bogar mar adentro, de tener una experiencia mayor en tu caminar con Dios. "Más buscad el reino de Dios y su justicia, y todas las demás cosas os serán añadidas." [Mateo 6:33] Muchas veces cuando nos cansamos de ser creyentes de banca y ponemos las cosas de Dios donde deben de estar, en primer lugar, el enemigo de nuestras almas se enoja y va a tratar por todos los medios de traer desaliento a tu vida para detener el plan de Dios para tu vida.

Pero en este día yo te digo esfuérzate y se valiente. Dale al Señor lo primordial de tu vida, de tu tiempo y de tu dinero.

Sigue buscando de Dios con valentía y versa, como yo he visto, la provisión del Altísimo. Déjame contarte, cuando la primera noche que mi esposo fue llevado a la prisión para cumplir una sentencia de cinco años, en la noche me arrodillé en el borde de la cama y le dije al Señor, "Tú sabes cómo me siento. Eso fue todo lo que pudo salir de mi boca, eso fue todo. Yo sabía a quién acudir, como dice el Salmos 121:1-2 "Alzare mis ojos a los montes, ¿De dónde vendrá mi socorro? Mi socorro viene de Jehová, que hizo los cielos y la tierra." En ese momento oí la voz de Dios hablar a mi espíritu. Me dijo, "Te acuerdas del cuadro de las huellas, ahora Yo te voy a cargar." Yo le di gracias y me levanté confiada en la palabra que Dios me daba en ese momento.

Luego busque la Santa Biblia y deje que el Espíritu de Dios me guiara en el pasaje que debería leer y llegue al libro de Josué 1:5 donde Dios me dijo, "Nadie te podrá hacer frente en todos los días de tu vida, como estuve con Moisés, estaré contigo, no te dejare, ni te desamparare."

Quiero decirte que esta porción Bíblica conmovió todo mi ser y me fortaleció en gran manera. Me perdí en los brazos del Señor, le entregué mi carga y seguí la vida un día a la vez.

He visto la mano de Dios obrando en mi vida y en la de mi esposo, que también ahora le sirve al Señor. Ahí en la prisión Dios lo está puliendo y llenando de poder. Mis hijas están felices y todos le servimos al Señor. Ya han pasado muchos años y como dijo el profeta, "Hasta aquí me ha ayudado Jehová."

Así que, si has hecho una decisión por el Señor, no te rindas, sigue adelante. Recuerda que el reino de los cielos sufre violencia y solo los valientes lo arrebatan. Dios te continúe bendiciendo.

La Misericordia De Dios

"Por la Misericordia de Dios, no hemos sido consumidos; porque nunca decayeron sus misericordias. Nuevas son cada mañana, grande es su fidelidad. Lamentaciones 3:22-23

¿Te ha fallado el hombre? ¿Tus padres no te han dado la atención necesaria? ¿No has sentido la confianza como para contarles tus inquietudes y tus problemas? ¿O acaso muchos años atrás, cuando contastes que alguien te molestaba o te tocaba de mal modo, no te hicieron el caso necesario o te mandaban a callar, o te decían no hablar de cosas semejantes?

Cuando te corregían, te hablaban con palabras hirientes, tales como: "Tú no eres mi hija." "Tú eres fea." "A ti te parió una mula." "Eres una cualquiera." Estos no son los mejores elogios que alguien desea escuchar. Y que te parece estos otros, "No sabes hacer nada bien", "Eres más bruta que los brutos"

¿Qué clase de expresiones son estas?

La Palabra de Dios dice en Mateo 12:36-37 "Mas yo os digo, que toda palabra ociosa que hablen los hombres, de ella darán cuenta en el día del juicio. Porque por tus palabras serás justificado, y por tus palabras serás condenado." El expresarte de mala manera hacia otros, se llama abuso verbal. Y el abuso verbal hiere tanto como el abuso físico o sexual. Las palabras van hiriendo nuestro interior y van cavando grietas como una gotera de agua en la roca. ¿Sabes lo que esto produce? Rebeldía.

El abuso abre puertas a la rebeldía, y la rebeldía trae depresión. Muchas veces para evitar la realidad entras en un mundo de fantasías, en el cual tratas de evadir la realidad a través del sueño. Puede que sueñes que eres adoptada, y que encuentras a tus verdaderos padres. Sueñas que te aman y que te tratan bien. Si vives en pobreza, sueñas que heredas mucho dinero y compras todo lo que quieres. Si estas hambrientas, que te dan a comer el mejor manjar. Buscas una respuesta y piensas que nadie la tiene. Pero no vayas lejos, si abres La Santa Palabra de Dios, hallaras que dice en Mateo 11:28 "Venid a mí, todos los que estén trabajados y cargados, que Yo os haré descansar." Si estas sedienta, Él te da agua, y jamás tendrás sed. Si tienes hambre, Él dice que es el pan de vida. Ese vacío que hay en ti, solo Dios lo puede llenar.

¿Sabes por qué?

Porque nosotros somos seres espirituales y si no estamos en armonía con el Espíritu Santo de Dios, siempre habrá ese vacío en tu vida. En Deuteronomio 6:5 dice, "Amarás a Dios sobre todas las cosas y a tu prójimo, como a ti mismo." Ahora bien, se honesta, ¿Te amas? ¿Te sientes bonita o importante? ¿Como vas a amar a otros, si no te amas a ti misma?

Tienes que refugiarte en el Señor. Él es el único que puede ayudarte. Él tiene gente buena y preparada, con la capacidad para ayudarte. Pero, mi consejo es, que te acerques directamente a Dios. Ábrele tu corazón, cuéntale tus quejas, visualízalo frente a ti, tan cerca como si pudieras tocarlo. Él quiere ser tu amigo. El mejor amigo que puedas tener o imaginar. Verás que pronto te sentirás mejor. Verás que comenzarás a ver las cosas de diferente manera. Empezarás a valorizarte, y con la ayuda del Espíritu Santo y la lectura de la palabra de Dios, vas a ir cambiando tu forma de pensar.

Comenzarás a sentir amor por Dios, por ti, y por los demás. Dejarás que otros te amen, por lo que eres, alguien especial. Te darás cuenta de que ya no eres una oveja perdida, sino que, al encontrar al Buen Pastor, y conocer que Él su vida dió por las ovejas, que no te dejará y te mantendrá segura en su redil.

Date de lleno al Señor, a la guianza de su Espíritu Santo. Y como dice 2ª de Corintios 13:11 "Por lo demás, hermanos, tened gozo, perfeccionaos, consolaos, sed de un mismo sentir y vivid en paz, y el Dios de paz y de amor estará con vosotros."

El Ladrón

[Satanás] vino a matar, robar y destruir. Esto nos dice la Santa Biblia en Juan10:10 ¿Como nos mata? Pues una de las formas en que lo hace es poniendo ideas que vienen directas del infierno. Ideas como, "Tu esposo no te quiere, te está engañando con otra, te maltrata, no te dá la atención adecuada, o necesaria. Tu hogar se torna en parte del infierno en Guerra constante. Tus hijos han crecido y no te hacen caso, no se acuerdan de ti, te buscan solo cuando necesitan. Han tomado la vida del vicio, ya sea del alcohol o las drogas. Vives asustada, esperando el momento en que venga la policía a traerte malas noticias y sientes que ya todo está perdido.
¿Qué te roba? Tu esposo te deja por otra, tu hijo se muere de una sobre dosis, cae preso, no puedes cumplir con las obligaciones y te tienes que declarar en bancarrota.
¿Llega a Destruir? Te enfermas con una enfermedad incurable, tus hijos se van de la casa, o intentan quitarse la vida.
Todo por lo que dice 1ª de Pedro 5:8 "Porque el Diablo, el devorador de nuestras vidas está como león rugiente buscando a quien devorar."
Ahora yo te pregunto. ¿Son estas razones para que intentes quitarte la vida? No. La vida es algo que no te pertenece. Dios nos la da y llegará el día en que tengamos que dar cuenta de ella.

¿Sabes, que si te quitas la vida vas directo al infierno? No va a haber paradas, ni oportunidades de salvación. ¿Estás seguro de que quieres pasar toda una eternidad junto a Satanás, en el lago de fuego y azufre? Ese lugar fue preparado para Satanás por su rebeldía contra Dios, pero desafortunadamente muchos son los que se han dejado engañar por él, sin pensar en tan horrendo final. Ahora bien, si estás leyendo este artículo, quiere decir que estás vivo y que puedo aprovechar el resto del texto Bíblico con el cual empecé.

Jesús fue el que dijo, que Satanás, vino a matar, robar y destruir. Pero El siguió diciendo: "Más Yo he venido, para que tengas vida y vida en abundancia." [Juan 10:10b] "Vida de paz interior" [Juan 14:27], "La paz os dejo, mi paz os doy, yo no os la doy como el mundo la da. No se turbe vuestro corazón, ni tenga miedo." Vida de salud, [3ª de Juan 2], "Amado, yo deseo que tú seas prosperado en todas las cosas, y que tengas salud, así como prospera tu alma." Vida de consuelo, [Juan 15:26], "Pero cuando venga el Consolador, a quien Yo os enviare del Padre, el Espíritu de verdad, el cual procede del Padre, El dará testimonio acerca de mí." Vida de gozo, [Juan 16:20].

"De cierto, de cierto os digo, que vosotros lloraréis y lamentaréis, y el mundo se alegrará, pero, aunque vosotros estéis tristes, vuestra tristeza se convertirá en gozo." Vida de bendición en el hogar [Hechos 16:31], "Ellos dijeron: Cree en el Señor Jesucristo y serás salvo, tú y tu casa." Vida de bendición matrimonial, [Hebreos 13:14], "Porque no tenemos aquí ciudad permanente, sino que buscamos la por venir." Vida de prosperidad [3ª de Juan 2], "Amado yo deseo que tú seas prosperado en todas las cosas, y que tengas salud, así como prospera tu alma." Vida celestial [Efesios: 2:6], "Y juntamente con Él nos resucitó, y así mismo nos hizo sentar en los lugares celestiales con Cristo Jesús." Vida de gobernar [1ª de Timoteo 5:14] "Quiero, pues, que las viudas jóvenes se casen, críen hijos, gobiernen su casa, que no den al adversario ninguna ocasión de maledicencia." Vida nueva [Romanos 6:4], "Porque somos sepultados juntamente con Él para muerte por el bautismo, a fin de que como Cristo resucitó de los muertos, por la Gloria del Padre, así también nosotros andemos en vida nueva." Vida eterna con Dios por los siglos, [1ª Juan 5:13].

Así que en tus manos está la solución. Los caminos están trazados.

La Palabra de Dios nos habla de dos caminos, uno ancho y otro angosto o estrecho en Mateo 7:13.

Solo tú puedes tomar la decisión. Pero te diré que yo he decidido seguir a Cristo, el único camino hacia la paz interior, al gozo, Él es mi Fortaleza, Nehemías 8:10 y a una vida eterna en lugares celestiales. Esa vida también puede ser la tuya.

Párate encima al Diablo. La Biblia dice que debe de estar bajo nuestros pies. Olvida esos malos pensamientos. ¡No te quites la vida! No es tuya, No te pertenece. Ponla al servicio del que te la dio, Dios. Oro para que Él te ayude a tomar la mejor decisión.

Para Ti Joven

¿Con que limpiara el joven su camino?
Con guardar su Palabra. Salmos 119:9

Dios es tu creador. Él es el que anhela tu compañía y al tú buscarlo, amarlo y hacer su Santa voluntad, limpias tú caminas, se quita el tropiezo o la piedra que te haría caer. Lee la palabra de Dios, medita en ella, guárdala en lo más profundo de tu corazón.

"Ahora, pues, Jehová Dios de Israel, cumple a tu siervo David, mi padre, lo que has prometido, diciendo. No faltara de ti varón delante de mí, que se siente en el trono de Israel, con tal que tus hijos guarden su camino, andando en ley, como tú has andado delante de mí." [2ª de Crónicas 6:16]

Guarda los preceptos de Jehová, tu Dios. Andando en sus caminos, y observando sus estatutos y mandamientos, sus decretos y sus testimonios, de la manera que está escrito en la ley de Moisés, para que prosperes en todo lo que hagas y en todo aquello que emprendas, para que confirme Jehová la Palabra que hablo, diciendo, "Si tus hijos guardaren mi camino, andando delante de mí con verdad, de todo su corazón y de toda su alma, jamás, dice faltará a ti varón en el trono de Israel." [1ª de Reyes 2:3-4]

"Solamente esfuérzate y se valiente, para cuidar de hacer conforme a toda la ley que mi siervo Moisés te mando, no te apartes de ella, ni a diestra, ni a siniestra, para que seas prosperado en todas las cosas que emprendas." [Josué 1:7] "Te ruego, oh Jehová, te ruego de que hagas memoria de que he andado delante de ti en verdad y con integro corazón, y que he hecho las cosas que te agradan. Y lloró Ezequías con gran lloro." [2ª Reyes 20:3]

"Y Jehová te dé entendimiento y prudencia, para que cuando gobiernes a Israel, guardes la ley de Jehová, tu Dios. Entonces serás prosperado, si cuidares de poner por obra los estatutos y decretos que Jehová mando a Moisés para Israel. Esfuérzate, pues, y cobra ánimo, no temas, ni desmayes." [1ª Crónicas 22:12-13] "Si tus hijos guardaren mi pacto, y mi testimonio que yo les enseñé, sus hijos, también se sentarán sobre tu trono para siempre." [Salmos 119:12]

"Este será grande, y será llamado Hijo del Altísimo, y el Señor Dios le dará el trono de David su padre." [Lucas 1:32] "Ninguno tenga en poco su juventud, sino se ejemplo de los creyentes en palabra, conducta, amor, espíritu, fe, y pureza." [1ª de Timoteo 4:12]

"Preséntate en todo lugar como ejemplo de buenas obras, en la enseñanza mostrando integridad, seriedad, palabra sana e irreprochable, de modo que el adversario se avergüence, y no tenga nada malo que decir de vosotros." [Tito 2:7-8]

"Igualmente, jóvenes, estad sujetos a los ancianos y todos, sumisos unos a otros, revestíos de humildad, porque Dios resiste a los soberbios, y da gracia, a los humildes. Humillaos, pues, bajo la poderosa mano de Dios, para que Él os exalte cuando fuere tiempo. Él tiene cuidado de vosotros.

Sed sobrios y velad, porque vuestro adversario el Diablo, como león rugiente, anda alrededor buscando a quien devorar, al cual resistid firmes en la fe, sabiendo que los mismos padecimientos se van cumpliendo en vuestros hermanos en todo el mundo.

Mas el Dios, de toda gracia, que nos llamó a su gloria eterna en Jesucristo, después que hayáis padecido un poco de tiempo, Él mismo os perfeccione, afirme, fortalezca, y establezca. A Él, sea la gloria, y el imperio por los siglos de los siglos, Amen." [1ª de Pedro 5:5-11]

Si tu guardas Sus caminos, andas en Su ley, observas Sus estatutos, mandamientos y decretos, te esfuerzas, eres valiente, caminas en verdad, tienes un corazón integro, haces lo que agrada a Dios, no tienes temor, no desmayas, eres ejemplo a todos, estas lleno de amor, fe, pureza, y del Espíritu Santo, eres humilde, te humillas, eres sobrio y velas, Jehová te hará prosperar en todo, no tendrás falta de nada. Te dará entendimiento, te dará prudencia, será con los tuyos, serás llamado hijo del Altísimo, te dará el trono de David, te perfeccionará, te afirmará, te fortalecerá, te establecerá, y te llenará de poder.

¡Que tremenda lista! Joven, Dios es claro, es específico, ¿Quieres poder en todo? Sigue la lista.

Todo lo que necesitas para ser más que vencedor está claramente enlistado. Descanso "Venid a Mí, todos los que estáis trabajados y cargados, que Yo os haré descansar." [Mateo 11:28] Este es un llamado al descanso. Un llamado a la libertad. Un llamado a entrar en el gozo y la paz que solo Dios puede dar.

Y este llamado nos lo hace Jesús casi dos mil años atrás. Pero este llamado está abierto aun hoy y hasta la segunda venida de Cristo.

En estos días en que vivimos, donde el tiempo de descanso se hace cada vez más escaso, y nos parece que andamos de carreras la mayor parte del tiempo, es delicioso saber que hay uno que nos invita al descanso y a la paz. Uno que se sacrificó a sí mismo para darnos vida y vida en abundancia.

Probablemente te has dicho, "No es tan fácil, yo he tratado de hallar descanso y no lo encuentro." Tal vez lo estás buscando en el lugar menos apropiado. El descanso y la paz solo lo da Jesús. Tienes que pones los ojos en Jesús y dejarte guiar por su Santo Espíritu, y por su palabra.

El descanso es bien importante para nuestra salud. Tanto el descanso mental, como el descanso físico y el espiritual. Cuando Jesús dijo que te haría descansar, se refería a todas las áreas de tu vida. Todo tu tripartito ser, espíritu, alma y cuerpo.
Para tener descanso, tienes que aprender a descansar en Jesús, y dejar todas tus cargas.
¿Cuáles pueden ser las causas de tu carga o cansancio? Pues una de ellas es la ansiedad o el afán. Mas la palabra de Dios nos dice, que por nada estemos afanosos, Mateo 6:25-34. Otras cosas pueden ser el mucho trabajo, las pocas horas de sueño, las finanzas, los niños, el resto de la familia y un sin número de cosas más. Esto nos sucede a todos. El cansancio o agotamiento, o el desgaste mental nos puede llegar.

Pero ¡qué bueno cuando conocemos a Jesús y lo que Él dice en su palabra, y podemos descansar en Él! Aprender a descansar en Jesús no es fácil, pero si es posible. Te hablo por experiencia. Yo he aprendido a depender de Él para todo en mi vida. En el mes de septiembre del 7-10 la congregación donde asisto tuvo su Cuarto Campamento de Damas. ¡Le doy gracias a Dios que me permitió compartir con mis hermanas en

Cristo una vez más!

He tenido el privilegio de estar en todos los anteriores. ¿Sabes por qué? Porque así lo he propuesto para mi vida y Dios conoce mi corazón y mi deseo. Del mismo modo he estado en todos los retiros anuales de la Iglesia Rebaño por 10 años, sin faltar a uno y me he gozado y he cargado mis baterías. Cada año, el poder de Dios se manifiesta a mi vida con una intensidad mayor. No por el número de personas que asisten, sino por la bondad y la Misericordia de Dios. Él siempre quiere bendecirnos.

Muchas veces iba cansadísima físicamente, pero al llegar al lugar de retiro y desconectarme del diario correr y disfrutar de lleno en las actividades, y del lugar donde estábamos. Uno logra acercarse más a Dios y deja que el Espíritu Santo haga todo lo que tiene que hacer. Soy bastante observadora y podía ver la condición en que todas nos encontrábamos. La mayoría decían lo mismo, me costó mucho llegar. Así en el primer día se comparte de todos los obstáculos que encontramos para no estar en esa cita divina con el Padre Celestial. Muchas traían muchas cargas, raíces de amargura, desesperación, temor, preocupación, fricción familiar y otras tantas cosas más. Pero, gloria a Dios pude ir notando el cambio en nuestras vidas. Dios fue hablando, sanando, y rompiendo cadenas de las diferentes platicas y secciones.

Siempre para cuando llegaba la última noche, había un ambiente espectacular. A la hora del culto, los cánticos, los especiales, los testimonios y el ambiente era de libertad. No hay nada más lindo que estar conectado con Dios, a través de su Espíritu Santo. Entre coros, risas, y confesiones positivas pudimos sentir la paz y la presencia de Dios. Proclamamos libertad, como dice la palabra de Dios en Juan 8:36

"Si el Hijo de Dios os libertare, series verdaderamente libres." ¡Aleluya! ¡Bendito sea el Señor por esa libertad recibida!

Así que amado lector, aprende a descansar en Jesús. ¿Porque seguir cargado y trabajado? ¿Porque no depositar tus cargas y poner tu confianza en Dios? Los afanes y las preocupaciones empañan el brillo, la belleza, y la luz que Dios quiere reflejar a través de tu vida. La Biblia dice en Salmos 138:8b y en Proverbios 31:25b "Dios cumplirá su propósito en ti, y te reirás de lo por venir." Descansa en Él, sé Feliz.

El Amor

¿Qué es el amor? ¿Como puedo sentirlo? ¿Dónde lo encuentro? ¿Hay Dios? Si hay Dios, ¿cómo es que no me responde?
¿Como es que no me ayuda? Estas fueron las preguntas de una joven, hace pocos días. Una joven cargada, y llena de temores. Una joven triste, confusa, vacía, rebelde y con un sentido de inferioridad. Insegura de sí misma, y se encontraba fea y gorda.

Si la vieras, es una joven de un rostro hermoso, con una bonita sonrisa. Su cuerpo está un poquito en sobre peso, pero nada que no tenga remedio. Son muchos los que caminan así. Caminan cargando un saco de problemas, y de amarguras tremendas.

De seguro no han escuchado que Jesús dice, "Venid a mi todos los que estáis trabajados y cargados, que Yo os hare descansar." [Mateo 11:28] Solo tenemos que detener nuestro caminar un momento y mirar a nuestro alrededor y ver cuanta gente, especialmente los jóvenes están deseando que alguien se les acerque y les muestre paso a paso el camino hacia el amor.

El mundo ha querido suplantar el amor por cuentos de hadas. La gente está tan acostumbrados a los cuentos de la Cenicienta y de la Bella Durmiente, los romances que pinta la televisión, por medio de las novelas y otros programas que no son muy sanos o sustanciosos de valor moral.

Todas esas cosas han quitado nuestra mirada del que ofrece el verdadero amor. La Biblia dice en 1ª de Juan 4:8 que Dios es amor. También dice que "el que ama es nacido de Dios y conoce a Dios." El mandamiento más grande es, "Amaras a Jehová tu Dios por sobre todas las cosas y a tu prójimo como a ti mismo. Como ves, el amor es Dios y la Biblia nos lo dice en 1ª de Juan 4:8 y el que no lo ama, no le ha conocido.

Desde el principio, Dios quería una familia. Gente con la cual compartir ese amor que Él es. Eso somos nosotros, si le aceptamos como nuestro Dios y Padre Celestial y le conocemos. La Biblia dice que somos pueblo adquirido por Dios, nación santa, real sacerdocio, linaje escogido. Para anunciar las virtudes de aquel que nos sacó de tinieblas a luz y para manifestar Su Gloria.

El hombre fue creado para tener comunión con Dios. El pecado interrumpe esa comunión. Entonces Dios muestra Su amor enviándonos a su único hijo, a Jesús. El cual dio su vida por nuestro rescate. Cuando aceptamos a Jesús, aceptamos el amor de Dios, porque Jesús es la mejor demostración del amor de Dios. El que era el Verbo desde el principio, se encarnó para mostrarnos al Padre.

La falta de amor trae a la vida odio, dudas, temor, inseguridad, y muchos otros sentimientos contrarios. Como toda cosa, para amar es necesario conocer a la persona, mientras más la conoces, más la amas.

Muchos, como la joven de mi historia, quieren sentir amor, y sentir a Dios, ver que Él existe, pero lo buscan en los lugares y en cosas equivocadas. Muchos se pierden cada día más y más en vicios y placeres. Para mantener el vicio roban y hasta matan, y algunos terminan quitándose la vida. Sin importarle el daño que se hacen y el que le causan a sus familiares.

Usualmente esto proviene de un descontrol en la familia y tiene que ser resuelto por todos. Hay que poner las cartas sobre la mesa, hacer una intervención y que cada uno exponga su punto de vista.

Como padres somos responsables de la salud física y mental de nuestros hijos. Un buen padre se preocupa por complementar a sus hijos. Pero desafortunadamente hay padres que solo traen maldición y amargura a los hijos. Amado lector, ¿Como le estás hablando a tus hijos? Hay muchas palabras que duelen más que una paliza bien dada.

¿Estas bendiciendo a tus hijos o les estas maldiciendo con palabras negativas? ¿Te has oído llamar a tu hijo tonto, necio, o le dices "muchacha ya no comas más, mira que gorda"? En vez de criticar, ayuda, dale comprensión, corta los insultos o palabras hirientes. Son como clavos o puñaladas en el corazón. Recuerda la Biblia dice que los hijos son herencia de Dios y que tenemos que dar cuenta de ellos.

Cuando vayas a abrir tu boca piensa primero lo que vas a decir. Tú, hija o hijo que estas leyendo y que te encuentras preguntándote las mismas preguntas, Dios Es Amor. ¡Dios si existe! ¡Dios te ama y quiere que seas feliz! Dios habla y escucha a sus hijos. Si no le has dado tu vida o no lo has aceptado como tu Señor y Salvador, pues no eres su hijo o hija. Eres simplemente su criatura.

Jesús dijo: "Yo soy el camino, La verdad y la vida, y nadie viene al

Padre, si no es por mí." [Juan 14:6] Tienes que aceptar y recibir a Jesús como Señor de tu vida. Él es el único medio para llevarte ante el Padre. Al hacerlo Dios será tu Padre, el Padre Celestial, pero que está siempre a tu alcance. Cuando ores puedes estar seguro de que Él te escucha.
En el Salmos 37:4 dice, "Pon tu deleite en Jehová, y El contestara las peticiones de tu corazón." Ahora puedes orar con confianza y cuando ore pídele al Espíritu Santo que te revele a Dios y a Cristo y sus planes para tu vida. La Palabra de Dios nos dice que el Espíritu Santo fue enviado para guiarnos a toda verdad. [Juan 16:13]

Que recibiremos esa verdad y la verdad nos hará libres. Dios te ama, te lo repito. Él quiere cambiarte, y bendecirte con toda bendición. Oro para que, por medio de esta pequeña historia, los ojos de tu entendimiento sean abiertos y recibas la revelación de Dios. Te amo y no te rindas, sigue hacia Adelante. Pronto vendrá Jesús en las nubes y seremos arrebatados de este mundo y llevados a un mundo mejor. Te digo como mi hermano Juan en el final del libro de Apocalipsis, ¡Ven Señor Jesús!

La Navidad

La Navidad… Es una temporada donde se prepara la gente para la celebración del nacimiento del niño Jesús. Hace unos dos mil años que se hiciera una realidad la profecía del profeta Isaías en Isaias7:14, "Por tanto, el Señor mismo os dará señal.
"He aquí que la virgen concebirá y dará a luz un hijo, y llamará su nombre Emanuel." Emanuel significa Dios con nosotros.

Muchos celebran por la música, las fiestas y parrandas, otros por los colores de las lindas decoraciones y la alegría de la ocasión. Pero la Navidad como vez, no es nada de eso, es la venida del niño Rey, el anunciado por tantos. El Mesías, Cristo mismo, Dios con nosotros, el gran Salvador y cuantos nombres más.

Navidad debe de ser más que una celebración. Cuando Dios es con nosotros, Emanuel, quiere decir que le hemos aceptado y recibido como Él es. Isaías nos sigue diciendo más adelante, en el capítulo 11:1-6 que, con la llegada de Emanuel, llegaría luz a los que están en obscuridad. Emanuel trae alegría y abundancia. Emanuel trae libertad de cadenas y pesados yugos. Se nos declara también, que Emanuel también se llamaría Admirable, Consejero, Príncipe de Paz, Dios Fuerte, Padre Eterno y con cada uno de esos nombres nos llegan grandes bendiciones.

También en Isaías 11: 1-9 trae más luz a este anuncio. Lo que tienes que ver es que Dios envió a su único hijo, Jesús a rescatar a todo aquel que creyere que Él es el Hijo de Dios.
Todavía Él sigue rescatando vidas del vicio, de la maldad, y perdición en que se encuentran. Cada vez que una persona recibe en su vida y en su corazón a Jesús como el Hijo de Dios, y cree que Él es el enviado prometido y que murió por nuestro rescate, o sea que pago el precio que teníamos que pagar.

Experimentamos el nuevo nacimiento, llega la Navidad a nuestras vidas.

Todos los días son días de Navidad, días de redención, salvación, justificación y vida nueva. Todos los días alguien recibe las nuevas de gran gozo que vienen a cambiarles. Todos los días ese mismo Jesús nace en el corazón del que con gozo le recibe. En el mesón no había lugar para Él, al igual que en muchos corazones que lo rechazan. Pero si tú le aceptas, es como si la escena del Nacimiento se llevara a cabo en tu vida en ese momento.

Jesús, dejó su trono de gloria, para venir a rescatarnos. Entonces,

¿Porque se nos hace tan difícil aceptarlo? Porque de la misma manera que Jesús tuvo que pelear con los escribas, fariseos y publicanos y aun su propia gente no lo aceptaron.

De la misma manera en estos días nuestra guerra no es contra carne ni sangre, sino contra huestes de maldad en las regiones celestes, Efesios 6:12, o sea, Satanás, que está controlando este mundo. El ciega los ojos del entendimiento para que un hecho tan simple, pero de tanto impacto, no se lleve a cabo.

Jesús vino a libertar a los cautivos, a darnos luz, a rescatarnos de la prisión en que vivíamos presos por el pecado. El vino para darnos vida, y vida en abundancia. No hagas como aquel pueblo que le negó posada a María. Ni hagas como su pueblo al cual vino a redimir y no le recibieron. Dile, Señor Jesús, ven y has posada en mi humilde corazón.

Dios dice en su Santa Palabra que al corazón sencillo, constrictor y humillado. Él no despreciará. [Salmos 51:17] Y también dice en Juan 1:12 "Mas a todos los que le recibieron, a los que creen en Su nombre, les dio potestad de ser hechos hijos de Dios."

Acepta a Jesús, conviértete en un hijo de Dios y síguele hasta el fin. No te arrepentirás. El premio es grande, los regalos que Él nos da valen nuestro esfuerzo. Acepta a Cristo como tu Señor y Salvador. Recuerda, "Cristo Es La Navidad." Que la paz de Dios sea derramada sobre ti y en ti. Que Dios te haga prosperar en todo, así como prospere tu alma. Que tengas muchas temporadas Navideñas llenas de Él. Y que cada año sea portador de las más grandes y ricas bendiciones.

Otra Oportunidad

¡Feliz Año Nuevo!¡Que Felicidad! Ha llegado un año más. Hemos dejado atrás doce meses, tal vez de pruebas y dificultades, de alegrías, de afanes, y de inquietudes. Pero como dice el refrán, "Lo que paso, paso" Mas he aquí ha llegado un año nuevo, un año que da comienzo en el cual es como si el Señor te dijera:" Te estoy dando otra oportunidad."

Es tiempo de reflexionar, de hacer nuevas resoluciones, de mirar atrás solo un momento y ver que no hiciste mucho para que puedas tramitar el alcance de esa meta. Filipenses 3:12 -14 Tenemos que trazar metas. Algo que yo he aprendido a hacer cada año, es una lista de diez cosas que quiero alcanzar o hacer en el año.

A veces he alcanzado una de las diez, y otras solo la mitad. Pero eso me mantuvo al día de cuales eran mis aspiraciones y metas del año.

No todo es trabajar y vivir una vida rutinaria sin aspirar a nada más. Debemos de trazar metas. Pablo en la carta a los Filipenses 3:12-14 dice, "No que haya alcanzado ya, ni que ya sea perfecto, sino que prosigo para ver si logro hacer aquello para lo cual fui también llamado por Cristo Jesús. Hermanos, yo mismo no pretendo haberlo alcanzado, pero una cosa hago, olvidando ciertamente lo que quedo atrás, y extendiéndome a lo que está adelante, prosigo a la meta, al premio del supremo llamamiento de Dios en Cristo Jesús."

Si seguimos la regla de Pablo al hacer nuestra lista de resoluciones tendremos éxito. Sabes que no has logrado todo, y que no eres perfecto, más buscas agradar a Cristo. Olvida el pasado, mira hacia adelante, camina hacia la meta, sabes que al llegar te espera un premio de parte de Dios en Cristo Jesús.

Para esto es que Dios te da otra oportunidad. Si en el año anterior no te moviste lo suficiente para adelantar tu caminar en Cristo, pues busca los medios de lograrlo en este nuevo año.

Sabes que tenemos que estar preparados. Pues la venida del Señor está cerca y en esta vida puede que hoy estés aquí, pero mañana no se sabe. Mira lo que dice la Santa Palabra en Santiago 4:13-17, "Veamos ahora, los que dicen, hoy y mañana iremos a tal ciudad, y estaremos allí un año, y traficaremos y ganaremos, cuando no sabemos lo que será de mañana. ¿Por qué? ¿Qué es vuestra vida? Ciertamente es neblina que se aparece por un poco de tiempo y luego se desvanece.

En lugar de lo cual deberías decir: Si el Señor quiere, viviremos y haremos esto y aquello. "Pero ahora os jactáis en vuestras soberbias. Toda jactancia semejante es mala, y al que sabe hacer lo bueno y no lo hace, le es pecado." No te confundas, aquí no se nos dice que es malo hacer metas, sino que miremos cuales son nuestras metas. Que nos preguntemos, si estas nos llevan al acercamiento a Dios, a la forma mayor de redimir el tiempo.

Muchas veces sabemos cuáles son las cosas que tenemos que hacer y no las hacemos, y como puedes leer, eso es pecado.
¿Para qué más es que se nos da otra oportunidad? Para que cumplamos con lo que dice Dios en Isaías 61:1-3 y Lucas 4:19 "El Espíritu de Jehová el Señor está sobre mí, porque me ungió Jehová, me ha enviado a predicar buenas nuevas a los abatidos a vendar a los quebrantados de corazón, a publicar libertad a los cautivos y a los presos apertura de la cárcel, a proclamar el año de la buena voluntad de Jehová, y el día de la venganza del Dios nuestro.

A consolar a todos los enlutados, a ordenar que a los afligidos de Sion se les de Gloria, en lugar de ceniza, oleo de gozo, en lugar de luto, manto de alegría, en lugar de espíritu angustiado, y serán llamados arboles de justicia, plantío de Jehová, para gloria suya." Aquí tienes la lista de lo que puedes hacer con la oportunidad que

Dios te da. Predica las buenas nuevas, da amor, da palabras de aliento, y no seas portador de maldad, sino de paz, de bien y de gozo. Reparte lo que Dios te ha dado.

Cuando La Vida Se Acaba
Poema de Sara Aponte

Cuando la vida se acaba
No hay quien te la devuelva
Por más que quieras quedarte
La muerte nunca se espera

Muchos durante su vida
Con tiempo se han preparado
Pero muchos se han sorprendido
Cuando la muerte ha llegado

¿Porque será que se asustan?
¿Porque será que peleamos?
Por retener ese aliento
De vida que Dios le ha dado

Es que cuando fuimos creados
Fue para vivir por siempre
Pero por causa del pecado
Al hombre llegó la muerte

Anda siempre preparado
No seas mal sorprendido
Prepárate a ir al lugar
Que Cristo a preparar ha ido

Vive con la esperanza
De que todos algún día
En Gloria siempre vivamos

Palabras de Motivacion Para la Vida Diaria

Donde la vida nunca termina

Asegúrate lector
No tengas miedo a la muerte
Pues el que muere con Cristo
Gana la vida por siempre

Y si no le has conocido
Todavía hay tiempo, recapacita
Pues la vida es como flor cortada
Que muy pronto se marchita

Así que amado amigo
No tengas miedo a la muerte
El miedo lo trae el Diablo
Cuando Cristo, de tu vida está ausente

Recordando a mis Padres
Poema por Sara Aponte

Al perder a mis padres quedé muy triste
Y quise al Señor así preguntar
¿Porque Dios mío, tu permitiste
¿La muerte a mis padres poder alcanzar?

Fui invadida por una pena
Que creí nunca más superar,
Pero tu Santo Consolador
En paz mi pena pudo cambiar.

Poco a poquito voy superando

Sara Aponte

Y con afecto puedo pensar
En aquellos padres que tú me distes
Y que no podré jamás olvidar.

Yo te agradezco Señor amado
El que me hayas podido dar
A esos padres que me enseñaron
En tus caminos por siempre andar.

Yo sé que un día si sigo fiel
Con ellos en Gloria me reuniré
Y juntos celebraremos cantando coros alabaremos
Y en adoración estaremos por toda una eternidad.

El Regalo

Que poca cosa somos los hombres
Y no Podemos reconocer
Al que naciera en un pesebre
Para una nueva vida ofrecer

Su nacimiento fue el regalo
Mejor que Dios nos pudiera dar
Y aún hay muchos que ese
regalo no se detienen a apreciar

No lo desprecies querido hermano
No busques más en otro lugar
Pues el regalo de aquel pesebre
En tu corazón quiere hoy entrar

Enero

Palabras de Motivacion Para la Vida Diaria

Hace poco celebramos, El nacimiento del gran Rey Pero quiero preguntarte, ¿Le conoces tu a Él?
No vino a morar en casas, en mansiones o castillos Vino a pedir posada, En corazones sencillos

Ahora que enero ha llegado, muchos se han preguntado
¿Que hice en esos días, que habría celebrado? Solo de fiestas en fiestas, y de pecado en pecado
Y en medio de tantas fiestas, muchos la vida ha dejado

Por eso amado amigo, que esto sea de tu agrado Enero quiere decir, que el Señor en su grandeza Otra oportunidad te ha dado. Aprovéchala

2
Volumen

El Amor Que Cubre Pecados

1ª de Pedro 4:8 "Y, ante todo, tened entre vosotros ferviente amor, porque el amor cubre multitud de pecados."
En estos tiempos en que el divorcio aumenta y la infidelidad está a la moda, hay que abrir los ojos
y ver como estos elementos negativos han entrado en el pueblo de Dios. Y muchos hogares son destruidos y otros removidos con violencia.

No creo que alguien se levanta y dice para sí, "Hoy voy a serle infiel a mi compañero(a). Esto no sucede de la noche a la mañana. Ha habido un descuido en alguna área de tu vida y has abierto puertas al maligno. Acaso no has oído que Satanás vino a matar, robar y destruir y que anda buscando cualquier excusa que tú le des para filtrarse y traer destrucción a tu vida y tu hogar. Hoy día son muchos los matrimonios que están en problemas. ¿Sabes por qué? Porque han quitado los ojos de Dios, quien es la fuente del amor.

Cuando quitamos la mirada de Dios, comenzamos a ver las faltas. Comenzamos a fijarnos en los errores de nuestro compañero(a) y dices "Ya no es tan guapo, ya no se arregla como antes. Ya no me saca a pasear como antes, ya no me acaricia, como antes, hasta me ignora. Todas estas cosas se hacen notables y luego el "ya, ya, ya" se hace cada día más larga la lista.

Al notar las faltas, llega el desaliento y llega la amargura. También llegan los temores, y los malos y tormentosos pensamientos,

¿Estará con otra? ¿Me irá a dejar por alguien más joven? ¡Despierta, ponte lista! Estos son dardos del enemigo para romper tu matrimonio. Terminar con la paz y la tranquilidad de tu hogar. Romper con la seguridad que tenemos a través del estado matrimonial y la cobertura del Espíritu Santo.

Cuando se ama se desaparecen todas las faltas. Eso es cubrir multitud de pecados. Cuando se ama, aun la infidelidad se puede perdonar. ¿Sabes por qué? "Porque el amor todo lo perdona, todo lo sufre, todo lo soporta." [1ª de Corintios 13]

Muchos dicen, Pero es que me ha hecho tantas cosas, que ya no lo amo. Ojo con eso, estás diciéndole a Dios mentiroso, porque Él dice en Su Santa Palabra "que el amor nunca deja de ser" Sabes por qué no deja de ser? "Porque el amor es Dios y Dios es eterno." [1ª de Juan 4:8]

Así mismo nosotros no podemos de dejar de amar, porque solo la muerte hace que uno deje de fluir el amor que Dios ha derramado en su corazón. Cuando se ama, se perdona. Ahora bien, Dios perdono tantos pecados y su manera de perdonar es excelente. Dice la palabra de Dios que "Él nos perdona, olvida y restaura a favor." [Miqueas 7:18-19]

Aquí tienes la clave, si Dios nos ha perdonado tanto, ¿Como es que no podemos perdonar tan poco? Perdonar no es fácil. Yo siempre he dicho, pero no es imposible. Tenemos que hacerlo, porque es un mandamiento de Dios. El perdón de Dios viene acompañado con el olvido. El olvido es borrón y cuenta nueva.

Así que si tú dices que has perdonado las ofensas de alguien y siempre te estás acordando de ello y hablando del asunto, estás haciendo varias cosas.

Primero, estás pecando contra Dios, estás abriendo portillos de indignación y torturándote a ti misma. Pues la falta del perdón nos enlaza en un espíritu de culpa y de tristeza. Todo te hace llorar, te recuerda del mal incidente. Tienes que perdonarte a ti misma primero. Perdónate si has sido la que has impulsado a tu compañero a la infidelidad. Pídele a Dios su amor, que te llene y te sature de su amor, toda tu vida para ser restaurada.

Dile a tu compañero(a) que lo perdonas de la misma manera que Dios te ha perdonado. Olvidando lo que quedó atrás, y prosiguiendo hacia adelante. Filipenses 3:13 Después de olvidar, pues el olvido es muy importante, hace que respires libremente, te desata. Entra en el tercer paso del texto que estamos usando, cual es: "Dios perdona, olvida y restaura a favor."
La restauración es como un bono que Dios te da. Perdón y olvido son el regalo, pero la restauración es lo que se llama en inglés ''A Bonus'' es algo extra.

Algo que no te has ganado, ni te lo mereces, pero que se hace por amor. Al tu restaurar, es devolver la confianza, poner en alto a la persona, considerándole superior a ti.

Llévale al nivel en donde se encontraba antes de haber cometido la falta. No pienses que la infidelidad es culpa de una sola persona. La falta ha sido mutua, tal vez estabas ignorando mucho a tu conyugue. O no le dabas el lugar merecido, no ponías atención a los detalles de amor que te hacían.

Como te dije anteriormente, las infracciones o pecados se hacen poco a poco. Hoy das un paso, mañana das otro y pasado mañana ya el agua te ha cubierto la cabeza y te estás ahogando. No le eches la culpa de todo a la otra persona, para pecar se necesitan dos.

Así que amada amiga, en este día abre tus ojos, mira hacia el cielo y clama a Dios y a Su Espíritu santo que te ilumine y te ayude a poder seguir los tres pasos hacia el amor que nos ha sido dado por el que es el amor, Dios. Él es la fuente del amor, el que todo lo perdona, todo lo olvida, y el que te restaura a favor, aunque no lo merezcas.

Busca a Dios, "Dios es Amor." [1ª de Juan 4:8] y ese amor cubre multitud de pecados. ¡Se feliz!

Entre La Espada Y La Pared

Se que todos en algún tiempo de tu vida has pasado por situaciones difíciles, donde podemos decir, ¿Oh Padre y ahora qué? Permitimos que los problemas y las dificultades nos enlacen. ¿Y qué hacemos? ¿Pedimos ayuda?

Sabes, antes yo me encontraba bastante entre la espada y la pared. Hasta que empecé a meditar en los consejos que me daban. Algunos eran buenos, otros no. Pero venían con la mejor intención de ayudar. Luego un día, fui a Dios. Comencé a buscar en su Santa Palabra, y al leer historias de hombres y mujeres de Dios que también se encontraron en situaciones adversas, y como esas situaciones fuero resueltas, sé que fue por la mano ponderosa de Dios.

Muchos de nosotros buscamos a Dios solo cuando estamos en problemas grandes o en enfermedad. Él tiene respuesta para toda pregunta, y también tiene la solución. Lo que pasa también es que nos sentimos capaces de resolverlo todo. Nos sentimos auto suficientes. Queremos salir del gran problema con nuestras propias fuerzas.
No utilizamos las armas que Dios nos ha dado para la Victoria. Es como si nos gustara estar o vivir siempre en derrota. No debe de ser así, el único que esta derrotado es el Diablo. Ya Cristo lo derrotó y eso nos hace ser más que vencedores.
Un vencedor busca el buen consejo del pastor o de los ancianos de la Iglesia. No busca consejo de personas que están más perdidas y con más problemas que ellas. Dios quiere pelear por nosotros, Él quiere

que acudamos a Él siempre. No solo cuando estamos acorralados. Dios quiere bendecirte con toda bendición. Deja que Él pelee por ti. Un ejemplo Bíblico es parte de la historia del Josafat, el rey de Judá. Se habían juntado varias naciones para pelear contra él. En 2ª de Crónicas 2:20 dice "Entonces él tuvo temor, y Josafat humilló su rostro para consultar a Jehová e hizo pregonar ayuno a toda Judá." Como puedes leer, este hombre tuvo un poco de temor, pero el temor lo paralizó. Él sabía a quién acudir, y como acudir a Dios por socorro. Además de su humillación, y el ayuno del pueblo entero, este hombre nos ha dejado un modelo en su oración.

En ese momento adora y reconoce el poderío de Dios, le recuerda las promesas que había hecho a su pueblo. Luego expone la situación en que se encuentra. Esto es lo que dice el verso 6 "Y dijo, Jehová Dios de nuestros padres,
¿No eres tú, Dios de los cielos?
¿Y tienes dominio sobre todo reino de las naciones? y sigue diciéndole "Si mal viniere sobre nosotros, o espada, o castigo, o pestilencia, o hambre, nos presentaremos delante de la casa y delante de ti (porque tu nombre está en esta casa) y a causa de nuestras tribulaciones clamaremos a ti, y tú nos oirás y salvarás". Josafat confiaba en la palabra de Dios. Josafat sabia y confiaba en ella.

Ahora vamos al verso 12 "Oh Dios Nuestro. ¿No los juzgarás tú?

¿Porque en nosotros no hay fuerza contra tan grande multitud que viene en contra de nosotros? ¿No sabemos qué hacer y a ti volvemos nuestros ojos? Aquí está la clave más importante para mí, porque hay muchas personas que saben que Dios les puede ayudar, y al verse entre la espada y la pared, tornan los ojos a los montes de donde saben viene su Socorro. También es bueno estar atento a la respuesta que Dios tiene para dar.

Como lo hizo en esta ocasión por medio del Espíritu Santo y a través de Jahaziel, hijo de Zacarias de los levitas. Veamos en el verso 15 lo que dijo Jehová, "Y dijo, oíd, Judá todo, y vosotros los moradores de Jerusalén y tú rey Josafat. Jehová os dice así. No temáis, ni os amedrentéis delante de esta multitud tan grande, porque no es vuestra la Guerra, sino de Dios"

Cuando la guerra se la entregas a Dios, para que Él sea el que la pelee, solo hay que hacer lo que nos dice la palabra en el verso 17, quedarnos quietos y presenciar el milagro de Dios. "No habrá para que peleéis vosotros en este caso, paraos, estad quietos, y ved la salvación de Jehová con vosotros." Ellos luego adoraron a Dios por sus proezas. En los versos 20-21 verás la conclusión de este hermoso relato.
El verso 20 "Y cuando se levantaron por la mañana salieron al desierto de Tecoa. Y mientras ellos salían, Josafat, estando en pie, dijo, "Oídme, Judá, y moradores de Jerusalén.
Creed a Jehová vuestro Dios, y estaréis seguros. Creed a sus profetas, y series prosperados. Después del consejo al pueblo, puso a algunos que cantasen y alabasen a Jehová, vestidos de ornamentos sagrados.

Mientras salía la gente armada, y que dijesen "Glorificad a Jehová, porque su misericordia, es para siempre." Amen. El verso 22 dice así. "y cuando comenzaron a entonar cantos de alabanza a Jehová puso contra los hijos de Amón, de Moab, y del Monte de Seir, las emboscadas de ellos mismos que venían contra Judá y se mataron los unos a los otros.

Así que amado mío que lees este mensaje, aquí tienes la clave hacia la victoria, para que la practiques cada vez que te encuentres entre la espada y la pared. Primero, humíllate ante Dios en ayuno y oración.

Segundo, reconoce que no tienes fuerzas suficientes para resolver el problema. Tercero, está atento a la voz de Dios, para que puedas oír las instrucciones necesarias para la victoria. Cuarto, no tengas temor, el temor te paraliza. Quinto, confía en Jehová, y espera en Él. Sexto, quédate quieto, descansa en el Señor. Séptimo, cree que en Dios estarás seguro. Octavo, alaba, y glorifícale, canta Salmos a su nombre. ¡Porque para siempre es su misericordia! ¡Aleluya!

Prioridades

"Mas buscad primero el reino de Dios y Su justicia y todo lo demás será añadido."

Esta porción Bíblica es la base de nuestras prioridades. Es la palabra de Dios, y Él no miente. Ahí encontramos una base para alcanzar metas y ser prosperados. En este mundo de tanto desbalance económico, la respuesta al avance del creyente está en dejarse guiar por esta sencilla regla.

Es una regla de oro, pues se nos garantiza que seremos prosperados. Dios ha sellado esta promesa con su sello sagrado. Antes, los reyes de la tierra daban órdenes y luego las sellaban con un anillo, y la gente tenía que seguir aquella orden al pie de la letra. Pero aquí la palabra de Dios nos dice que debemos buscar el reino de Dios y su justicia, para obtener lo demás.

Hablemos del reino, por un momento. Muchos piensan que es cuando Cristo vuelva y reine por mil años. Otros tienen varias ideas, pero a mi entender, la palabra de Dios nos dice que Él dejó su trono de gloria y corona y vino al mundo por ti y por mí.

En el principio el trono era movible, de lugar en lugar era llevado. Pero hoy día a través del sacrificio de nuestro Señor Jesucristo y de los beneficios recibidos por Él. El trono está en cada corazón que, arrepentido de pecar, le acepta como Señor y Salvador de su vida.

Cuando Cristo hace morada en tu corazón, ha llegado el reino de Dios a tu vida. Mientras más le conozcas, más se entrona en tu corazón. Dile al Señor, "ven y toma el trono de mi corazón" y verás que bien te sentirás. El texto también dice que después de buscar el reino, también hay que buscar su justicia. ¿Como encontraremos la justicia? El mismo que trae el reino a tu vida, también trae la justicia. Dios buscaba gente justa, y no encontró a ninguno. Por esa razón Jesús, el hijo de Dios, vino a hacerse la justicia por nosotros. Él nos reconcilió ante el Padre ahora a través de la sangre de Cristo. Dios nos ve justos y limpios de pecado. Si le buscamos, si hacemos Su voluntad, Él nos recompensa, dándonos ricas y grandes bendiciones.

Volviendo a las prioridades, número uno es el Señor, buscar su reino. Luego su justicia. Así llegan a las añadiduras. Muchos quieren las añadiduras sin seguir la regla, y no alcanzan nada.
¿Como quieres recibir, sin dar nada? Muchos no ven adelantos en sus vidas porque sus prioridades están mal fundadas, y fuera de orden.
En este nuevo año siéntate a analizar tus metas. Haz una lista de las cosas que más anhelas hacer, tanto en lo natural como en lo espiritual. Luego, pon un número al lado de acuerdo con la urgencia que tengas de ello. Prosigue a alcanzar a hacer primero el uno y así sigues, hasta alcanzar la próxima meta. Verás que con la ayuda de Dios y la guianza del Espíritu Santo, vas a lograr hacer grandes cosas.

Cuando nos dejamos guiar por el Espíritu Santo de Dios, todo sale bien. La Biblia dice que Él nos guiará a toda verdad, Juan 16:13. Y ¿Cuál es la verdad? Jesús dijo, "Yo soy el camino, la verdad y la vida, nadie viene al Padre, si no es por mí."
[Juan 14:16] Dios de ante mano ha suplido todas nuestras necesidades,

Filipenses 4:19. Nos ha dado abundantemente, si no lo recibimos, es porque no estamos cumpliendo con nuestra parte del contrato.

Tener prioridades es excelente, nos muestra que somos gente de visión. La Biblia dice que, sin visión, el pueblo perece.
Así que amad, se próspero alinéate con la palabra de Dios, y te irá bien. No importa si te encuentras con un poco de oposición en el camino, Dios te dará las fuerzas necesarias para alcanzar tus metas. Dios primero, luego lo demás.

A mí me gusta hacer una lista de 10 cosas y siempre al final de cada año hago una encuesta. Cuento o circulo las metas logradas. Me da mucha alegría, al ver todo lo logrado. Luego me esfuerzo en tratar de lograr las que me faltaron junto con las del nuevo año. ¡Éxito!

La Sangre que Limpia

Dice la Biblia en Romanos 3:23 "Por cuanto todos pecaron y están destituidos de la Gloria de Dios." También en Hebreos 9:22 dice, "que, sin derramamiento de sangre, no habría remisión de pecados." Adán y Eva fueron creados limpios, con sangre excelente. Era la vida de Dios y el soplo de Él. El pecado trajo contaminación de la sangre, la vida y la imagen de Dios en nosotros. Ellos fueron influenciados por un espíritu de engaño y de desobediencia. Ese soplo de vida perfecto en ellos se cambió por pecado, por separación. Se vieron en tinieblas, se encontraron desnudos, les entró un sentido o espíritu de temor, y se escondieron.
Fue un tremendo choque para ellos. Pues fueron diseñados para andar en santidad y paz, no en temor y obscuridad. Que tristeza para Dios, ver Su obra maestra, la corona de Su creación quedarse sin brillo y perder su fulgor. Al Dios llamarlos trataron de tapar su desnudez y trataron de

ocultar su pecado. Más cuando Dios llegó a donde se encontraban, Él sabía lo que habían hecho, lo sabía antes de crearlos.

Al verlos, tuvo compasión de ellos y fue movido a Misericordia y quiso redimirlos. ¿Sabes por qué? No porque el hombre lo mereciera, sino porque Dios tenía planes específicos para con ellos y su descendencia.
Dios tuvo que matar un animal, nunca había la tierra conocido o experimentado el derramamiento de sangre. Un animal puro, sin manchas, tipificando las cosas venideras del nuevo pacto. Fue necesario matar un animal para tomar sus pieles y hacer vestimenta para Adán y Eva. Había que cubrir su desnudez y tapar su pecado con la sangre.

La Biblia también nos relata, que Caín mato a su hermano Abel, su sangre gemía desde la tierra. Ya vez como un pecado trae otro pecado si no somos lavados con la sangre de Cristo, que limpia de todo pecado.
No vayas a la sangre que cubre, sino ve a la Fuente de la salvación. Fuente de sangre que es eficaz, la que Dios proveyó a través de Su único Hijo, El Verbo que fue hecho carne. Según Juan 1:14

Cuando Jesús fue formado en el vientre de María, Él era la palabra de Dios hecho feto, que fue rodeado de la vida y de la presencia de Dios, en el vientre de María. Su cuerpo fue cubierto por Dios para que su sangre no se contaminara con la de María. Ella solo tuvo que cargarlo dentro de su cuerpo por el tiempo indicado.
Su sangre era pura, venia directamente del Padre, sangre no contaminada. De otra manera no podría redimir al hombre. Sangre como la del primer Adán antes de pecar. Pues para poder librar al hombre de la maldición del pecado, no se podía sacrificar a ningún ser humano, porque la Biblia dice que todos pecaron, o sea todos traen la semilla del pecado al nacer. La sangre que fuera efectiva tenía que ser diferente.

Cuando Jesús fue crucificado en aquel madero y su sangre cayo en tierra, la tierra notó que esa sangre era diferente. Aún los muertos que se encontraron bajo ese suelo se dieron cuenta al ser restaurados y resucitados para dar testimonio de aquella sangre y aquel sacrificio era genuino de Dios. Esa sangre vino a restaurar al ser humano y librar al cautivo, salvar la humanidad y limpiar multitud de pecados. No importa tu condición.

La Biblia dice en Isaías 1:18, "Si vuestros pecados fueren como la grana, como la blanca nieve serán emblanquecidos, Si fueran rojos como el carmesí, vendrán a ser como la blanca lana." Jesús vino a buscar y a salvar lo que se había perdido. El sufrió para darnos vida y vida abundante.

No importa cuál sea tu condición, ya sea que estés cansado y abatido, o te sientas desmayar. Jesús dijo en Mateo 11:28 "Venid a mí, todos los que están trabajados y cargados, Que Yo os haré descansar."

Puede ser que estés enfermo, con dolores físicos, o espirituales, Isaías 53:5 "Mas Él, herido fue por nuestras rebeliones, molido, por nuestros pecados, el castigo de nuestra paz fue sobre Él, y por sus llagas, fuimos nosotros curados." No importa cuantos pecados hayas cometido, lo que sea, la sangre de Cristo te limpia, de todos tus pecados y serás una nueva creación.

Una nueva criatura lista para rehacer tu vida de una mejor manera. Vida de resurrección, restauración y nuevas metas, para la gloria de Dios. Tienes la oportunidad de hacer grandes cosas para ti y para su gloria.

Así que, si has pecado, la sangre de Cristo no ha perdido ni perderá su valor. Su sangre te limpiara. Su sangre es sangre que limpia para vida eterna. ¡Gloria a Dios!

Modelando Los Frutos Del Espíritu

Gálatas 5:22-23 dice "Mas el fruto del Espíritu es amor, gozo paz, paciencia, benignidad, bondad, fe, mansedumbre, templanza, contra tales cosas no hay ley." Si somos de Dios tenemos que modelar todo lo lindo que Él nos ha dado. Y según la porción Bíblica si Dios es Amor, Él nos da de ese amor puro, amor incondicional, y sin medidas.

Nosotros también debemos de mostrar ese amor. En un mundo de miseria se necesitan personas que modelen la luz de Dios, y que reflejen el gozo del Señor, que debe de ser su fortaleza. El gozo es como un fruto de color atractivo para aquellos que lo ven en nosotros, lo deseen, y sean contagiados de ese gozo.

No se confunda con la alegría, pues esta es una emoción pasajera. Pero el gozo aun en las pruebas, en la tristeza, en cualquier situación, el gozo debe de permanecer y nos da fuerzas. El otro adorno lo es la paz. Jesús en uno de sus llamados nos dice que: "Él nos deja su paz, y que esa paz no es como la que el mundo nos da. [Juan 15:27]

Es una paz inmensa, que nos ayuda a descansar y nos ayuda también a alcanzar otro fruto del Espíritu el cual es la paciencia, para la cual se necesita una paz especial. Porque la paciencia solo se perfecciona a través de las pruebas y las dificultades.
Uniendo la paciencia al amor, al gozo y la paz, serás impulsado a ser benignos y bondadosos.
Ya no miramos las cosas con los ojos espirituales. Todas estas cosas nos preparan para creer en una vida de fe. Romanos 10:17 nos dice, "La fe viene por el oír y el oír de la palabra de Dios." Fe es la fuerza que

nos impulse a mirar las cosas que no son como si fueran. Es la que nos motiva a creer en el Dios vivo, en el cielo y en un día victorioso donde seremos transformados y arrebatados a recibir la recompense divina.

Vestidos de mansedumbre y humildad reflejemos una de las características de nuestro hermano mayor, Jesús, cuando dijo en Mateo11:29 "Aprended de mí que soy manso y humilde de corazón." Esto nos ayuda a vivir una vida de templanza. Donde no nos movemos fácilmente por cualquier clase de doctrina.

Así que, sal preparado, bien arreglado, y decidido a mostrar y modelar los frutos, que como árbol frondoso de Dios llevas.
Asegúrate que no sean solo hojas las que ven en ti. Muestrales tu amor, tu compasión, tu Misericordia, tu gozo y el reflejo de la luz admirable de Cristo en ti. El gozo se refleja a través de tus ojos y en tu sonrisa. También lo transmitirás al hablar.

Modela la paz, la paciencia, y todos los demás frutos y dones que Dios te ha dado a través de Jesucristo, su Santo Espíritu y su Santa Palabra. Sigue modelando hasta el fin. Hasta que oigas al Amado decirte, "Ven buen siervo fiel, en lo poco fuiste fiel, en lo mucho te pondré, entra en el gozo de tu Señor," [Mateo 25:21]

El Socorro Divino

¡Auxilio! ¡Socorro! Estas son las palabras dichas o gritadas en un momento de angustia y desesperación; pero muchas veces no hay nadie que las oiga o que haga caso de ellas. Mayormente las personas que piden auxilio es porque ya no pueden más. Ya han tratado de hacer todo lo que estaba a su alcance, pero no lograron nada. Los que están a tu derredor te oyen, pero no hacen nada. Entonces, ¿qué hacemos? El Salmista David sabia de momentos, así como estos y te quiero presentar por la Palabra como el alcanzo el Socorro divino.

El Salmos 121:1-2 dice "Alzaré mis ojos a los montes, ¿De dónde vendrá mi Socorro? Mi Socorro viene de Jehová, que hizo los cielos y la tierra. Este hombre buscó a su derredor y aun hacia los montes, pero luego llegó a ver que no había nadie al derredor que le pudiera ayudar. Mas él sabía y conocía a Dios. Él pudo comprender que Jehová era el único que podía venir a su oportuno Socorro. El conocía que Jehová tenía todo el poder y que hizo los cielos y la tierra, muy bien podía con cualquier problema o dificultad que tuviera.

En el Salmos 124:8 dice claramente que nuestro Socorro está en Jehová, que hizo los cielos y la tierra. La Biblia está llena de ejemplos de cómo Jehová venía a socorrer a su pueblo. En 2ª de Corintios 20:4 dice "Y se reunieron los de Judá para pedir ayuda a Jehová." Pero, también David sabía que no podemos confiar en el hombre. El Salmos 60:11 dice "Danos socorro contra el enemigo, porque vana es la ayuda de los hombres." [Salmos 108:12] dice "Danos socorro contra el adversario, porque vana es la ayuda del hombre." Y también el Salmos 146:3 dice "No confíes en los príncipes, ni en hijo de hombre, porque no hay en él la salvación. De acuerdo con el Salmista, la ayuda del hombre era vana y no se podía confiar en él, pues no hay uno que se pueda salvar.

Y por eso dice en el Salmos 118:8 "Mejor es confiar en Jehová, que confiar en el hombre." Él sabía quién era Jehová. El Salmista tenía amistad con Él. Había comunión entre ellos, al igual que Isaías cuando dice en el capítulo 41:14 "No temas, gusano de Jacob, o vosotros los pocos de Israel. Yo soy tu Socorro, dice Jehová, El Santo de Israel es tu Redentor." Poniendo la confianza en Jehová, tendremos el mejor Socorro divino. Él es el Rey de Gloria, como dice el Salmos 24:8 "¿Quién es este Rey de Gloria? Jehová el fuerte y valiente. Jehová el poderoso en batalla." Él pelea por ti y por mí.

Así que concluyo con esta hermosa porción Bíblica de Hebreos 4:16 que dice: "Acerquémonos, pues, confiadamente al trono de la gracia, para alcanzar misericordia, y hallar gracia para el oportuno Socorro." Dios no falla, ni nos deja, tampoco nos dará la espalda jamás, como suele hacer el hombre. Él tiene su oído afinado a nuestro clamor. Él es nuestro Pastor y nada nos faltará. Pidámosle a Él, como dice el Salmos 37: 5-6 "Encomienda a Jehová tu camino, confía en Él y Él hará. Exhibirá tu justicia, como la luz y tu derecho como medio día. Dios es nuestro Socorro, el Socorro Divino. ¡Aleluya!

Algo Sobre La Muerte

¡Qué triste es la pérdida de un ser querido! La muerte es bien peculiar. La muerte no es jactanciosa, no es presumida ni es racista. Para la muerte no hay posición social, etnicidad, ni color o rango. Le llega lo mismo al gordo que al flaco, al joven o el anciano, al rico, o al pobre. Muchos mueren por falta de alimentos y otros por falta de atención médica. Hay otros que mueren en accidentes y otros son víctimas de crímenes en los cuales pierden la vida. Muchos tienen que pasar por una agonía grande y por enfermedad critica antes de morir. Hay otros que son sorprendidos por la muerte sin tener mucho que sufrir. Lo mejor es cuando uno entra en un sueño profundo o reposo del cual no despertaron y ahí quedaron.

Ahora bien, ¿Que es la muerte? La muerte es una separación o transición. Es como devolver a Dios el soplo de vida que nos diera al nacer. La muerte es una ausencia. El cuerpo es la vasija en el cual Dios permitió que tu espíritu y alma unidos a su espíritu pudieran morar. Este se va deteriorando o gastando y la parte que le corresponde a Dios ya no desea estar en un cuerpo tan desgastado, sufrido o maltratado.

Muchos se buscan la muerte, por no cuidar de su cuerpo, templo o tabernáculo que Dios le diera para su Santo Espíritu morar. ¿Porque duele la muerte? Porque cuando fuimos creados por Dios, Él nos creó para vivir por siempre. No estaba en su plan que el hombre se revelará y cayera de su gracia para que encontrara el mundo, la muerte.

Todo por causa del pecado. ¿Cuál fue el pecado? La desobediencia. Esas son algunas de las características de la muerte.

Mira lo que dice la Biblia acerca de la muerte. En Romanos 5:14 dice, "No obstante, reinó la muerte desde Adán hasta Moisés, aún en los que no pecaron a manera de la transgresión de Adán el cual es la figura del que había de venir." También en Romanos 6:23 "Porque la paga del pecado es muerte, más la dadiva de Dios es vida eterna en Cristo Jesús, Señor nuestro." En 1ª de Corintios 15: 21 dice "Porque por cuanto la muerte entró por un hombre, también por un hombre la resurrección de los Muertos."

Puedes ver como Dios no quería la muerte para nosotros. Pero por causa del pecado, nos llegó la muerte. Pero también, vemos que Dios hizo provisión de un Salvador para redimirnos del pecado y de la muerte. Romanos 14:8 nos dice "Pues si vivimos para el Señor vivimos, y si morimos, para el Señor morimos." Así que sea que vivamos o que muramos, somos del Señor.

Filipenses 1:21 dice, "Porque para mí el vivir es Cristo, y el morir es ganancia." ¿Sabes por qué? Porque la palabra de Dios dice que el que muere en Cristo, descansa, está en un sueño profundo, no sufre más. Pero lo más importante es que cuando Cristo venga, sabemos lo que dice en 1ª de Tesalonicenses 4:16 "Los Muertos en Cristo resucitarán primero." Hay otra cosa que debes saber y la encuentras en Apocalipsis 9:6 "En aquellos días los hombres buscaran la muerte, pero no la hallaran y ansiarán morir, pero la muerte huirá de ellos." También llegará un glorioso día como dice Apocalipsis 21:4

"Enjuagará toda lágrima de los ojos de ellos y ya no habrá muerte, ni llanto, ni clamor, ni dolor, porque las primeras cosas pasaron."

Pero para todo esto lo mejor es estar bien preparado. No sea que la muerte nos sorprenda y no estemos preparados. Escribí un poema que trae más luz a este asunto de la muerte y dice así…

<u>Cuando La Vida Se Acaba</u>

Cuando la vida se acaba
No hay quien te la devuelva
Por más que quieras quedarte
La muerte nunca se espera.

Muchos durante su vida
Con tiempo se han preparado
Pero muchos se han sorprendido
Cuando la muerte ha llegado

¿Porque será que se asustan?
¿Porque será que peleamos?
Por mantener ese aliento
De vida que Dios nos ha dado.

Es que cuando fuimos creados
Fue para vivir por siempre
Mas por causa del pecado
Al hombre llego la muerte.

Anda siempre preparado
No seas mal sorprendido

Sara Aponte

Prepárate para ir al lugar
Que Cristo a preparar se ha ido.

Vive con la esperanza
De que todos algún día
En Gloria siempre vivamos
Donde la vida nunca termina.

Asegúrate lector
No tengas miedo a la muerte
Pues el que muere con Cristo,
Gana la vida por siempre

Y si no lo has conocido,
Todavía hay tiempo recapacita
La vida es como la flor cortada
Que muy pronto se marchita

Así que amado amigo
No tengas miedo a la muerte
El miedo lo trae el Diablo Cuando
Cristo de tu vida está ausente

Este poema lo puedes encontrar también, en mi libro de poesías "De Mi Para Ti, Poemas Del Corazón" y lo puedes pedir a Exlibris.com o Amazon.com, Barnes and Noble
Espero ahora tengas un mejor entendimiento y apreciación por la vida. También del regalo precioso que Jesús te dio al comprarte con precio de sangre, muriendo en una cruz. Para que tengas vida y vida abundante en Él.
¡Gracias por tu amor infinito Jesús!

¡Gózate y alégrate porque el vivir en Cristo es vida asegurada!

Cristo La Navidad

¡Cuánto nos gozamos los creyentes en Cristo, cuando se acercan los días de Navidad! Sabemos que Jesús es nuestra Navidad y por lo tanto todos los días es Navidad. Sabemos que el Emanuel prometido llegó, vivió, murió, resucitó y está sentado a la diestra del Padre. Todas estas cosas son motivos de gran gozo.

Tú te preguntaras, ¿Y qué de los que están en pruebas, o enlutados? Para nosotros puede haber pruebas y luto, puede haber tristeza, la cual es un sentimiento, pero el gozo del Señor Jesús siempre está en nosotros. Nos gozamos, aunque el mundo haya querido comercializar y quitar la imagen del que es la Navidad. Con todo el comercio, todavía el tiempo de Navidad es el más celebrado y prolongado.

Examina esto, todas las fiestas o días feriados duran uno o dos días. Pero la Navidad dura más de dos meses. Después del día de Acción de Gracias, se encienden las luces y se comienzan a escuchar las canciones navideñas y los villancicos. En diciembre, el corre y corre se las compras, las ventas, los arboles adornados y las casas llenas de luces de colores, las cuales se dejan ver por todos lados.

Hay fiestas en diferentes lugares, mucha comelata, y mucha bebida. Hay más alegría en los rostros y más cordialidad entre los humanos. Aún en el mes de enero se sigue celebrando en muchos lugares. En enero se celebra el Dia de los Reyes Magos y las octavitas.

En estos meses la mayor parte del mundo se une a nuestra celebración de gozo. ¡Cristo es la Navidad, Él es el Mesías prometido! ¡Aleluya! Él es anunciado en el libro de Isaías como Admirable, Consejero, Dios Fuerte, Príncipe de Paz, Padre Eterno. Todas estas cosas que nosotros celebramos todos los días de nuestro caminar cristiano. El mundo ya no tiene Navidad. Se ha olvidado de lo que era importante en esas celebraciones.

Muchos, por causa del luto, no vuelven a celebrar. Todo es tristeza y recordación de malos momentos. Otros piensan que es solo comida y bebida. Pero bien claro que lo dice la Biblia, que el reino de los cielos no es comida, ni bebida, sino Poder de Dios.

Muchos por la presión de los regalos y la falta de dinero para comprarlos, se amargan y esa temporada gozosa se convierte en una pesadilla. Cuando llegó la Navidad, Cristo al mundo, el pueblo celebró. Los Reyes vieron una estrella brillar. Los ángeles se les aparecieron a muchos y daban nuevas de gran gozo.

Esto es lo que debe de hacer el creyente, cuando Cristo llega a su corazón, debe dar nuevas de gran gozo a todo aquel que le rodea. Cristo es el Mesías, la navidad que vino a salvar y alcanzar lo que se había perdido. El vino para darnos vida y vida en abundancia. Vino para darnos luz pues andábamos en un mundo de obscuridad y de tinieblas. Un mundo de ignorancia de Él.

No dejes que nada ni nadie empañe el momento de celebrar a Cristo, pues Cristo lo que desea es lo mejor para ti. Él ha sido el mejor regalo que el mundo entero ha visto o tenido. Así que proponte esto en cada época navideña.

Regala el mejor regalo que puedas de acuerdo con tus recursos. Pero si no tienes dinero para comprar, regala el regalo de compartir a Cristo con otros. Hay muchos que todavía no le conocen. Hay muchos que viven en tinieblas y están atados con cadenas.

Nuestro llamado es para ayudarles a salir de las tinieblas, recibir la luz admirable de Cristo y romper las cadenas que le atan. A vendar las heridas que el maligno le ha hecho. Todos los días se puede regalar y celebrar "La Navidad, Cristo."

Es un regalo de amor, paz, luz, salvación, liberación, y vida nueva.

Que la paz, el amor, y la bendición de Dios sean contigo y los tuyos, son mis deseos.

Feliz Navidad.

La Importancia De La Amistad

Amigo = Compañero, conocido, hermano

¿Qué es un amigo? ¿Cuál es la importancia de la amistad? Si nos vamos a dejar llevar por los dichos de todos los tiempos, pues se dice que "Amigo es un peso en el bolsillo." En la vida se dice que el que tiene amigo, lo tiene todo."
Pero también se dice que esos amigos se pueden contar con los dedos de una mano. En otras palabras, los verdaderos amigos son pocos.
No hay nada más lindo que una amistad sincera. Todos necesitamos de alguien en quien confiar y contarle nuestras penas, como también nuestras alegrías. Tener "una panita" con la que salgas de compras o simplemente, con la que puedas disfrutar una taza de café y un buen rato de conversación.

Pero vamos a ver lo que la palabra de Dios nos dice al respecto.
En el Salmos 88:13-18 dice: "Yo, Señor, te ruego que me ayudes, por la mañana busco tu presencia en oración. ¿Porque me rechazas Señor? ¿Porque escondes de mi tu rostro? Yo he sufrido desde mi juventud. Muy cerca he estado de la muerte. Me has enviado terribles sufrimientos, y ya no puedo más. Tu ira se ha descargado sobre mí, tus violentos ataques han acabado conmigo. Todo el día me rodean como un océano, me han cercado por completo. Me has quitado amigos y seres queridos, ahora solo tengo amistad con las tinieblas."

  El escritor de este Salmos estaba pasando por tiempos malos, tiempos difíciles. Puede que aquí, en esta hora, se encuentren personas que se sienten de la misma manera. Se sienten rechazados, alejados de Dios, y sin nadie que le de la mano. Está cansado de sufrir y de navegar en contra de la corriente. Se siente solo y desamparado.

Debes tener cuidado de que árbol te arrimas o de personas que buscan tu amistad.

En Proverbios 18:24 dice "Hay amigos que llevan a la ruina y hay amigos más fieles que un hermano." También en Proverbios 19:4 dice que "con las riquezas aumentan los amigos, pero el pobre hasta su amigo lo abandona." Un Proverbio muy atractivo es este del capítulo 27:10 que da tres en uno.

A. No abandones a tu amigo, ni al amigo de tu padre.

B. No vayas a la casa de tu hermano cuando tengas un problema.

C. Mas vale vecino cercano que hermano distante.

Muchas veces queremos amistades con gente de categoría. Pero debemos de seguir el ejemplo de Jesús que fue criticado por ser amigo de gente baja, como dice en Mateo 11:19 y Lucas 7:34.

El verdadero amigo no está mirando tu posición económica. Ni está viendo si eres negro o blanco. El verdadero amigo ama siempre y lo hace incondicionalmente. Proverbios 17:17 dice, "en todo tiempo ama el amigo." Pero más que los amigos terrenales, debemos buscar estar conectados con el mejor de los amigos, Jesús.

Él es el único que no falla, no nos deja, ni nos desampara. Mas muchos estamos ocupados en amistades pasajeras, o del mundo y mira lo que dice Santiago 4:4 "Oh gente adultera, ¿No sabéis que la amistad con el mundo es enemistad con Dios?" Por eso también Job dice en Job 22:21 "Vuelve ahora en Amistad con Él, y tendrás paz."

Conociendo Tu Propósito

Salmos 139:13-16 "Porque tu formaste mis entrañas, tú me hiciste en el vientre de mi madre. Te alabaré porque formidables, maravillosas son tus obras. Estoy maravillado y mi alma lo sabe bien. No fue encubierto mi cuerpo bien que en oculto fui formado y entretejido en lo más profundo de la tierra. Mi embrión vio tus ojos y en tu libro están escritas todas aquellas cosas que fueron luego formadas, sin faltar una de ellas.

Dios cumplirá su propósito en ti y en mí. Su propósito, la meta, el destino, la intención de un fabricante al hacer su producto. La planificación de Dios, de su amor por ti y para mí. Dios nos hizo para compartir Su amor con nosotros.

El amor hay que compartirlo. Dios es amor y nos hizo para darnos Su amor y para que lo compartamos con otros. Dios nos creó para que seamos como Cristo en este mundo. Somos hijos de Dios y somos una maravilla.

Si analizamos todos los cuerpos podemos comprobar que somos maravillosamente complicados. No hay nada más bello y maravilloso en la creación. Por eso Dios no quiere gente que este claudicando o viviendo una vida doble o sin rumbo ni dirección. Santiago 1:18 dice "El hombre de doble animo es inconstante en todos sus caminos."

Somos la obra maestra de Dios, en Cristo. Él quiere cuidarte, guardarte, y protegerte, para que propaguemos su amor. No somos un accidente, el escogió a tus padres, tu día, tu hora de nacer, tu lugar de nacimiento y tu lenguaje. Nada fue dejado al azar, por eso el Salmista al meditar en esto pudo decir lo que hemos leído en Salmos 139:13-16.

Hechos 17:26 dice, "Y de una sangre ha hecho todo el linaje de los hombres, para que habiten sobre toda la faz de la tierra.
Y les ha prefijado el orden de los tiempos, y los límites de su habitación." Dios sabia donde yo iba a estar hoy.

Isaías 46:3-4 dice, "Oídme, oh casa de Jacob, y todo el resto de la casa de Israel. Los que sois atraídos por mi desde el vientre. Los que sois llevados desde la matriz. Y hasta la vejez, Yo mismo y hasta las canas, os sostendré, yo lo hice, yo llevaré, yo soportaré y guiaré."

Cinco cosas que nos ayudan a reconocer que Dios tiene un propósito en mi vida y en la tuya.

1. Mi vida cobra significado e importancia.

Al yo saber esto, pase lo que pase, mi vida cobra esperanza de que Él me levantará, me ayudará, me librará, me sacará del problema. Si tengo esperanza voy a ver las cosas que no se ven como si fueran, aunque no se hayan manifestado todavía.

Porque yo sé lo que tengo, sé que Dios me ha dicho que tiene planes de victoria y de paz para mí y también para ti.

2. Mi Existencia se hace fácil, y sencilla

Dios no nos creó para estar estresados, estirados, deprimidos u oprimidos. Eso es como estar preso o encarcelado en tu casa y donde quiera. Dios no quiere eso para nosotros. Él es nuestro Libertador.

3. Me enfoco y oriento mi vida hacia una meta.

Hay que enfocarse en el propósito de Dios, y así proseguir a la meta que Cristo ha trazado para mí. Como dijo el apóstol Pablo, sigo hacia la meta, olvidando lo que quedó atrás.

4. Vivo con gozo, estoy alegre y motivado

Los hombres que hacen historia y los protagonistas son gente alegre y tienen mucha motivación. Así que alégrate, y gózate en Dios, que es tu fortaleza. Cuando hay gozo, disminuyen las quejas, hay más energía y salud. La Palabra de Dios dice "que el gozo del Señor es nuestra fuerza".

5. Me preparo para la eternidad

Ese es el plan de Dios, que nosotros reinemos juntamente con Cristo. Hay que traer el reino de Dios a este mundo.

2ª de Corintios 5:6-9 dice, "Así que vivamos confiados siempre, sabiendo que entre tanto que estamos en este cuerpo, estamos ausentes del Señor. Porque por fe andamos, no por vista. Pero confiamos, y más quisiéramos estar ausentes del cuerpo y presentes al Señor."

Por tanto, procuramos también, ausentes o presentes, serle agradable. Esto es parte del propósito que Dios tiene para nuestras vidas. ¿Estás haciendo la voluntad de Dios?
¿Estás viviendo conforme a sus propósitos?
Si no lo estás, alinéate con la Palabra de Dios. Busca su dirección por su Espíritu Santo y sigue adelante. Dios cumplirá su propósito en ti y te reirás de lo por venir.

La Mujer Realizada

Colosenses 2:1-3 dice, "Porque quiero que sepáis cuan gran lucha sostengo por vosotros y por todos los que están en Laodicea y por todos los que nunca han visto mi rostro, para que sean consolados en sus corazones, unidos en amor, hasta alcanzar todas las riquezas de pleno entendimiento, a fin de conocer el misterio de Dios, y de Cristo, en quien están escondidos todos los tesoros de la sabiduría y del conocimiento."

¿Qué es una mujer realizada de acuerdo con el mundo de hoy? Tal vez aquella que tiene una gran carrera universitaria o muchos títulos. Tal vez aquella que tiene un esposo guapísimo, bueno y responsable. Tal vez una buena mujer, esposa, madre y amiga.
Mas mira cómo es la mujer realizada según la palabra de Dios. Es una mujer completa, y llena de Él.

Dios nos dice que hemos sido llenas por Él, que todo lo da completo y que todo lo que hace es bueno en gran manera. Una mujer realizada esta completa en Cristo.

Dios ha depositado tres poderes en la mujer. Los tres poderes son el de escoger, el de decir o expresarse y el de actuar. La mujer realizada los tiene todos. Otras cualidades de la mujer realizada son: Se deja guiar por el Espíritu Santo de Dios. Aprende a seguir la nube de su presencia, y quiere hacer lo mejor y ser la mejor. La que no se conforma con hacer las cosas a media. Miremos algunos ejemplos de la Biblia. Dorcas- en Hechos 9:36-42 nos muestra que "Ella abundaba en buenas obras y daba limosnas. Impactó a todos los que la rodearon, tanto que, al morir, buscaron a Pedro para que orara y ella resucitó."
Ester—Todo el libro de Ester nos relata que ella fue valiente, se enfrentó a situaciones difíciles. Ella es la que dijo las famosas líneas "Si perezco, que perezca" por ella el pueblo de Israel fue libre de muerte.
Ana—En el libro de 1ª de Samuel 1:10 nos enseña que ella cumplió su promesa a Dios y fue una mujer de palabra. La palabra de Dios nos dice que nuestro sí sea sí, o sea que tengamos firmeza. Lo mejor que tenía era que fue una mujer de oración. No te comprometas si no vas a

cumplir Jesús dijo en Mateo 5:37 y Santiago 5:12 "Que nuestro sí sea sí y nuestro no sea no" Si le has prometido algo a Dios, cúmplelo, que lo prometido es deuda.

Ruth—Del libro que lleva su nombre, ella fue una mujer fiel. También fue justa, cariñosa, misericordiosa y leal. Fue una mujer de balance, y no le pesaron las responsabilidades.

Estos son algunos ejemplos. La Biblia nos da gran cantidad de ejemplos de mujeres realizadas. Mujeres que cambiaron la historia y que todavía son nuestros modelos por seguir. La mujer realizada se da a conocer en todas partes. ¿Saben tus compañeros de trabajo que eres cristiana? ¿Lo saben tus vecinos? ¿Eres una bendición para ellos?

En tiempos de pruebas, la mujer realizada actúa de este modo: Se queda tranquila, guarda la compostura, se calma y trae calma a otros. Sabe hablar con sabiduría, con autoridad, con amor y con cordura. Tiene metas trazadas y persevera en su objetivo.

Aprende a hablar, a comportarte como la mujer que Dios quiere que seas. Y si al haber examinado las cualidades de la mujer realizada, vez que hay áreas en tu vida que tienen lugar para mejoras, pues estás a tiempo.

Pídele al Espíritu Santo que te muestre esas áreas, y que te ayude a corregirlas. La Biblia dice que Él nos guiara a toda verdad. Que conoceremos la verdad y la verdad nos hará libres. Tú puedes, no eres cualquier cosa, eres importante para Dios.

¡Que Él te continúe bendiciendo y usando para alabanza de u gloria, Te amo!

¿Dónde están los que te acusan?

Juan 8:4-11 [4] le dijeron, "Maestro, esta mujer ha sido sorprendida en el acto mismo de adulterio. [5] Y en la ley nos mandó Moisés apedrear a tales mujeres, ¿Tu pues que dices? [6] Mas esto decían tentándole, para poder acusarle. Pero Jesús, inclinado hacia el suelo escribía en tierra con el dedo. [7] Y como insistieran en preguntarle, se enderezo, y les dijo; "El que de vosotros este sin pecado, sea el primero en arrojar la piedra contra ella. [8] E inclinándose de nuevo hacia el suelo, siguió escribiendo en tierra. [9] Pero ellos, al oír esto, salían uno a uno, comenzando desde el más viejo, hasta los postreros y quedo solo Jesús, y la mujer que estaba en medio. [10] Enderezándose Jesús, y no viendo a nadie, solo la mujer, le dijo: "Mujer, donde están los que te acusaban? ¿Ninguno te condeno?" [11] Ella dijo "ninguno Señor". Entonces Jesús le dijo, "Ni Yo te condeno; vete y no peques más."

Desde que el mundo es mundo, las acusaciones existen. La Biblia tiene registro que desde la caída del hombre estas comenzaron. Como vemos el ejemplo en Genesis 3, ahí sale a luz el acusador de las vidas en forma de serpiente, y le dice a la mujer que si puede comer del fruto prohibido. Esta serpiente acusa a Dios de haberles negado el beneficio de ser como Él en conocimiento, al comer del fruto del árbol del bien y el mal. Luego Adán al comer y ser descubierto por Dios, acusa a la mujer diciéndole; "La mujer que me diste, me obligó y comí. Así comenzó un desenlace de acusaciones y se levantaron muchos acusadores.

Cuando Dios crea al hombre y la mujer, los creo perfectos, sin manchas, ni pecados. Adán estaba encargado de cuidar de su mujer, su familia y gobernar sobre el Edén. Pero tal vez Adán se entretuvo haciendo su trabajo y descuidó a Eva. Como mujer, con una sensibilidad y un deseo de escudriñar y conocer. Tal vez se aburrió, y al verse sola se fue de paseo por el Edén. Lugar de delicias. No creo que ella estaba temerosa de andar sola, pues el temor no existía en ellos todavía. Dios llega después de ellos haber comido del fruto y cuando se miraron, se vieron desnudos por primera vez.

Ahora yo te pregunto, ¿Como es que se ven desnudos por primera vez, si ya habían convivido, procreado hijos y eso no fue por obra del Espíritu Santo? Tuvo que haber intimidad. Entonces, ¿Qué fue lo que los hizo verse desnudos? Fue el pecado, la desobediencia. Esta trajo separación entre la comunión que había entre ellos y Dios. Hoy día, nacemos con esa naturaleza pecaminosa, que nos hace ser acusadores y mentirosos. Por eso desde niños nos preguntan ¿tu hiciste eso? Y tú dices "No, yo no" y si hay otro contigo le hechas la culpa a él.

Y dices rápido, "Si, tú lo hiciste, no mientas." Los niños vienen a sus madres y le dice, "Mami, ¿tú sabes lo que hizo fulano? O ¿lo que hizo zutano? O se te acerca un chismoso o chismosa y te dice ¿Sabes lo que hizo tal y tal persona? Y tu sigues no, cuéntame … ¿Eres acusado o acusador? ¿Qué es una acusación? Es un cargo que se le hace a alguien. También es una demanda o condena.

Hay muchas citas Bíblicas que tienen la palabra acusar. Esdras 4:6 "Y el reinado de Asuero, en el principio de su reinado, escribieron acusaciones contra los habitantes de Judá y de Jerusalén. Proverbios 30:10 dice "No acuses al siervo ante su señor, no sea que te maldiga y lleves el castigo.' Daniel 3:8 "Por esto en aquel tiempo algunos varones caldeos vinieron y acusaron maliciosamente a los judíos."

Estas son algunas de las citas del Antiguo Testamento. Había siempre muchas acusaciones en contra del pueblo de Dios. Si vamos al Nuevo Testamento vamos a ver que hay muchas más menciones de esta palabra, acusar o acusador, ¿y sabes por qué? Porque si antes el Diablo acusaba al pueblo de Dios, para traer condenación, muerte y detener el plan redeantivo de Dios.

Mucho más lo hará con nosotros que somos los hijos de Dios, herederos con Él y coherederos con Cristo. Él tiene las de perder doblemente. Porque Cristo ya venció y ahí es que llega la acusación, para traer duda. Nos cegó, y no podemos ver la gracia de Dios trabajando. La duda nos desconecta con Dios.
Creemos en Dios por fe, pero al dudar, la duda ahoga la fe.

El creyente que se acostumbra a traer excusas verá que no crece y se sentirá estancado. Una persona estancada no cumple con el plan y el propósito de Dios que es el de crecer, de ir de gloria en gloria, de poder en poder y de triunfo en triunfo. ¿No te has cansado de las excusas?

Si hace mucho rato que has visto que no ha habido cambio en tu situación o en el rumbo que lleva tu vida, deja las excusas y vive para seguir y encaminar tus pasos sobre las pisadas de Jesús. Siguiendo su ejemplo, como único y genuino. No imitando lo malo ni lo incorrecto, sino sé imitador de Dios, y siendo guiados por su Santo Espíritu, el cual la palabra de Dios nos dice que nos guiará a toda verdad y gracia.

El enemigo usa mucho nuestra mente, y mucho más si está vacía. Así es que debes de llenar tu mente del conocimiento de la palabra de Dios. Un pastor amigo mío decía esta expresión muy a menudo: "Mente vacía, oficina del Diablo." No permitas que tu mente sea el campo de batalla del enemigo. Llénate, satúrate de la unción del Santo. Vístete con la armadura de Dios. No creas, ni prestes atención o tu oído a las mentiras del Diablo. El solo quiere traer turbación y confusión a tu vida.

Te dice; "No sirves, tu tiempo ya paso, nadie te toma en cuenta. Y si te sigo diciendo la lista, serían dos libros en vez de uno. Escucha lo que Dios quiere decir. Está atenta a su enseñanza. Busca la rectitud, en todo lo que hagas. Procura no ser mediocre, la mediocridad no es agradable a Dios y les repugna a los hombres. Porque el impío no es recto, pero busca la rectitud en aquellos que saben deben estar. Somos lumbreras, el apóstol decía que somos cartas abiertas. ¿Que están leyendo en ti? El mundo mira en ti una lista de cosas.

De la misma manera que Jesús miraba alrededor y leía en las personas que vinieron con propósito de apedrear a la mujer que fue encontrada en adulterio. La multitud según el reporte de los hechos en el libro de Juan 8:11 del cual comencé la historia, ellos la acusaban y querían matarla. Más Jesús, que ve más allá de lo que el hombre puede ver, comenzó a escribir en tierra y la gente al leer fue desapareciendo. No eran acusaciones falsas, era la realidad de sus propias vidas la que cambiaron a la gente que fue enfrentada por Jesús.

Cuando el ser humano se enfrenta a Jesús, es transformado. La Biblia dice que, al estar en Él, somos transformados en una nueva creación. Somos cambiados de adentro hacia afuera.
Desde el principio nuestro Creador ve ese cambio, pues sus ojos ven más allá de lo que nuestros ojos físicos pueden ver.

Por eso cuando nos acusan, Él nos dice: "No temas porque Yo te redimí, Yo te puse un nombre nuevo, Mio eres tú." No des oído a tus acusadores. Escucha lo que Dios dice de ti. Eres su obra maestra, la corona de la creación. Eres Cabeza y no cola. Eres linaje escogido,

nación santa. ¿Eres lo que Dios busca? Él busca adoradora, que le adoren en Espíritu y verdad. Haz una lista de tus mejores cualidades. Estoy segura de que vas a quedar sorpresivamente maravillada.
El Diablo es un mentiroso, y padre de mentira, por tanto, no des oído a las cosas negativas de las que te quieran acusar. En esos momentos mira la lista y lee lo que Dios dice de ti. Eres su obra maestra y Él te ama.

¿Dónde están los que te acusan? Pues si prestaste atención al leer esta historia, sabrás que: Las acusaciones vendrán en contra de los hijos de Dios, Esdras 4:6. El acusador tiene retribuciones o consecuencias en su propia vida, Proverbios 30:10. El que acusa lo hace maliciosamente, o sea por maldad, o por hacer daño, Daniel 3:8.

Mas confía pues Dios ya venció al mundo. Por tanto, como dice en Isaías 55:7, Deje el impío su camino y el hombre inicuo sus pensamientos, y vuélvase a Jehová; el cual tendrá del Misericordia y al Dios nuestro el cual será amplio en perdonar." De manera que podamos decir, confiadamente, "El Señor es mi ayudador, no temeré lo que pueda hacer el hombre." Hebreos 13:6

Vendrá la acusación y siempre habrá acusadores. Pero cuando sabemos quiénes somos en Cristo Jesús, sabremos cómo responder a las acusaciones y a los acusadores. Recuerda no seas acusador pues cuando apuntas un dedo para alguien, hay cuatro dedos apuntándote a ti. Se sabio y busca cada día la guianza de Dios. Él te la dará a través de la Santa Palabra y Su Santo Espíritu. Bendiciones. Te amo.

Poema ¿Dónde están los que te acusan?

¿Dónde están los que te acusan?
 Fue la pregunta de Jesús

A aquella mujer que avergonzada,
Pensaba jamás ver luz.
Debía de ser apedreada,
Por los designios de leyes humanas,
Pero al traerla a Jesús,
 Esa ley seria cambiada.

¿Dónde están los que te acusan?
Pregunta que sorprendiera
A aquella pobre mujer,
 Que en adulterio sorprendieran.
Pero fue traída al Maestro,
Y aprovechando la ocasión
 Para que, a través de esto,
Aprendieran una lección.

Jesús se torna a la tierra,
Y escribía con cuidado
Tal vez la lista de faltas,
Delos que la habían arrestado
Debía ser apedreada,
 Por la culpa de su pecado
Mas Jesús pregunta a ellos,
¿Están libres de pecados?

Porque si no los tuvieran,
La piedra habría tirado
Mas uno a uno se fue alejando,
 Por convicción del Amado.
El Amado Jesús dulce,
 Y claramente ha preguntado

¿Dónde están los que te acusas?
Señor, se han alejado.

Es la respuesta de aquella,
Que atónita se ha quedado
Pues ve, y no peques más,
Tampoco te he condenado.

Este poema lo puedes encontrar también en mi libro de Poesía De mi para ti, poemas del Corazón el cual escribí en el 2006

En Busca Del Amor Que Ya Tienes

Introducción [El Amor]
Según las escrituras es la misma naturaleza de Dios. 1ª de Juan 4:8 y 16 dice que es "También la mayor de las virtudes cristianas."

1ª de Corintios 13:13 es esencial entre la relación de Dios y el hombre. Mateo 22:37-39 "Cristo es la mayor expresión del amor de Dios, nuestro Padre." Juan 3:16 "Y ese amor de Dios hacia el hombre se manifiesta en la redención ejecutada a su favor." Según Romanos 5:8-10. "El Espíritu Santo derrama de su amor en los corazones de los creyentes." En Romanos 5:5 y Gálatas 5:22, "Tener amor es la mayor manera de demostrar que se es discípulo de Cristo." En Juan 13:35 y 1ª de Juan 3:14 dice "El Cristiano debe de amar a su enemigo tanto como a su hermano." En Mateo 5:43-48 y 1ª de Juan3:14

La Esposa
La mujer del hombre que la tomó por compañera. La Biblia no hace diferencia entre la esposa del hombre y su mujer. El hombre que toma mujer está casado con ella delante de los ojos de Dios. No está libre para

tomar otra mientras vive con la primera, si lo hace comete adulterio.

Casamiento, Matrimonio, O Boda

Es la ceremonia o acto formal de unir a un hombre y una mujer como esposos. Justamente debe de ser un acto público, puede ser civil, religioso, o de las dos formas. Pero tienen el mismo valor los dos. El casamiento tiene el propósito de unir dos vidas para formar una familia nueva. El acto público da a conocer el hecho y compromete a la pareja delante del pueblo. Desde ese momento ninguno de los dos puede tomar a otro compañero.

El público debe de reconocer y respetar a la pareja.

Las leyes humanas protegen su unión, los derechos de ambos y de sus hijos. El propósito de Dios es que los esposos sigan juntos mientras vivan. Sin embargo, las personas de duro corazón pueden divorciarse. Mateo 19:8-9 Y les dijo, "por la dureza de vuestro corazón, Moisés os permitió repudiar a vuestras mujeres, más al principio no fue así."

Yo os digo que cualquiera que repudia a su mujer, salvo por causa de fornicación, y se casa con otra, adultera. Y al que se casa con la repudiada, adultera. Así que vamos ahora en busca del amor que ya tienes.

Ya has leído la definición del amor, de lo que es ser mujer y de lo que es ser esposa.

Esta es una búsqueda   ¿Por qué? Tal vez porque sientes un vacío en el alma o por presión. Y tal vez sea porque esperas o deseas verte en un cuadro o foto familiar como lo pintan en las películas o libros de cuentos. Muchas veces tenemos ideas erróneas de lo que es el verdadero amor. Nosotras pasamos por etapas.

Eso es el ser humano, recién nacido, bebe, niñez, adolescencia, juventud, madures y vejes. Puede que nos lleguen otras, como la viudez, la separación y el divorcio. Como recién nacidos, somos arroyados y cuidados con mucha precaución. Nos amamantan o lactan con mucho amor. Todo nos lo dan hecho.

La niñez comienza una etapa de descubrimiento, donde día a día vamos aprendiendo a desenvolvernos en el conocimiento de aquello que nos llevará hacia la próxima etapa. Mayormente en la niñez, aprendemos a jugar, a leer y escribir y a conocer lo que nos rodea.

En la adolescencia es donde se comienza a mirar de lado a lado en búsqueda de ese primer amor, "PUPPY Love" Vamos madurando y buscamos relaciones positivas y más sustanciosas. Relaciones que llenen todo nuestro interior. Buscas relaciones que sean formales y que te lleven a contraer matrimonio. Unirte a una persona por el resto de tus días, aunque sabemos que no siempre sucede así.

En la ancianidad o cenitud de tu vida, puede que te llegue la viudez, o la separación. A muchas el compañero se ha tornado en un viejo verde, y se va de casa dejándola por una más joven.
Según él para prolongar su virilidad, se cree que así no va a envejecer. No sabiendo que la ley de la vida ya está fija.

La viudez viene. Te casaste, pensaste que lo tenías todo, pero llego en un momento inesperado que tu conyugue se enferma y muere, muere en un accidente, o puede que alguien le quite la vida. Para muchas, el golpe es tan duro que no se reponen nunca. Otras han amado tanto que no creen encontrar otro que las amen igual. Mas hay otras que se vuelven a enamorar y rehacen sus vidas. Se casan de nuevo.

Las Divorciadas: Son muchas las razones que se ponen hoy día para el divorcio. Muchos dicen que, por infidelidad, otros por abuso físico, o abuso verbal. Otros simplemente porque no había el interés de mantener la relación. ¿Qué pasó con el amor?
¿Se termino?
Las Separadas: Esto lo hacen muchas veces por peleas y argumentos, que los llevan al desencanto. Con él llega la frialdad, la infidelidad y el abuso. Te pregunto otra vez, ¿Qué del amor, que paso?
Hay casadas que, aunque están con sus compañeros, que tienen familia, tienen casa, muebles, ropa, zapatos, y comida, se sienten vacías e incompletas. ¿Qué es lo que les falta? ¿Qué es lo que buscan? A mi entender, buscan o anhelan más amor, o el verdadero amor. Mira este ejemplo.
Ana: Ella lo tenía todo, el amor de Elcana, su esposo, pero eso no le era suficiente. Ella anhelaba algo más, estaba en una búsqueda. Ella quería un hijo, pensando que eso sería lo que le hacía falta. Pero no era así. No era tanto el hecho de ser madre necesitaba ser llena del amor de Dios. Dios era el único que podría cambiar su amargura en alegría. Si lees 1 de Samuel 1:8 veras la respuesta de Elcana, su esposo para ella: Ana, ¿por qué lloras? ¿Por qué no comes? ¿Porque está afligido tu corazón? ¿No te soy yo mejor que diez hijos?

Ella necesitaba sentirse completa. De la misma manera Dios quiere que nosotras nos sintamos completas. Colosenses 2:10 dice que estamos completas en Él, o sea en Dios. Él es el único que puede llenar el vacío de los corazones. El que es la Cabeza de todo.

En Ruth 4:14-15 dice: "Y las mujeres decían a Noemi, loado sea Jehová, que hizo no faltase hoy pariente, cuyo nombre será celebrado en Israel el cual será restaurador de tu alma. Y sustentador de tu vejez pues tu nuera, que te ama, lo ha dado a luz. Y ella es de más valor a ti que siete hijos."

Aquí vemos nuevamente, de como Dios en su amor hace provisión para nosotros. Noemi era una mujer feliz, tuvo esposo, hijos y nueras. Pero cuando perdió casi todo lo que tenía, cambio su nombre de Noemi a Mara, pues le invadió la amargura y culpo a Dios de ello. Más Jehová le da otra oportunidad a través de Ruth y por medio de ella se pudo restaurar.

Si estás en busca de amor, mira a Cristo. Dios lo envió para desbordar y manifestar su amor a través de Él y de su sacrificio en la cruz. Jeremías 31:3 dice "Jehová se manifestó a mí, hace ya mucho tiempo, diciendo: Con amor eterno te he amado, por tanto, te prolongo mi Misericordia." Oseas 11:4 "Con cuerdas humanas las atraje, con cuerdas de amor."

Gálatas 5:22 "Más el fruto del espíritu es amor, gozo, paz, paciencia, benignidad, bondad, fe, mansedumbre, templanza, contra estas cosas no hay ley." Dios nos ama y Él es el único que puede llenar todo vacío. Puede quitar todo lo que nos está atando y llenarnos de Él. Cuando somos llenos de Él, somos llenos de amor, porque Dios ES Amor, según dice 1 de Juan 4:8.

Él es el que cambia toda situación. Él es el que cambia tu corazón de piedra, por un corazón de carne. El cual siente amor y desea ser amado. Es el que llega a cambiar tu lamento en gozo, y te llena de contentamiento. 1ª de Juan 3:2 dice "Amados, ahora somos hijos de Dios, y aun no se ha manifestado lo que hemos de ser, pero sabemos que cuando Él se manifieste, seremos semejantes a Él, porque le veremos tal como Él es."

Dios está trabajando con nosotros día a día. Él no puede darnos todo el conocimiento de cantazo, o de una vez, porque Él sabe que no podremos soportarlo o entenderlo. Por tal razón, Dios nos revela su conocimiento por medidas. Tan pronto se asimile lo que nos ha dado, si hacemos buen uso de ello, entonces nos dará otro poco más. 1ª de Juan 2:16 dice: "En esto hemos conocido el amor, en que Él puso su vida por nosotros."

También nosotros debemos poner nuestras vidas por los hermanos. 1ª de Juan 4:17 "En esto se ha perfeccionado el amor en nosotros, para que tengamos confianza en el día del juicio, pues como Él es, así nosotros, en este mundo."

Este es el amor que buscamos, el amor de Dios. El que llena todo, el verso 18 dice, "en el amor no hay temor, sino que el perfecto amor echa fuera el temor, porque el temor lleva en si su castigo, de donde el que teme, no ha sido perfeccionado en el amor."

Claramente se nos dice aquí que, si sientes temor, estás falto de amor. No has conocido la verdadera persona de Dios. Tal vez asistes a la iglesia y has oído hablar de Dios. Has leído en la Biblia sobre de quien Él es, pero no has tenido un encuentro personal con Él. No lo has experimentado. Cuando te encuentres cara a cara con Él, tal como eres sin disfraces ni máscaras, no serás igual.
Cuando le dices al yo muere, y le pides al Espíritu de Dios que te guie y te llene, serás una nueva creación. La Biblia dice que el Espíritu Santo nos guiara a toda verdad y gracia, o sea que nos mostrara a Dios. El conocimiento de Dios hace que venga la luz y se tiene que ir toda tiniebla de ignorancia, de desacuerdo y de desamor. Rinde tu vida a entera a Dios.

1ª de Juan 5:3 dice "Pues este es el Amor a Dios; que guardemos sus mandamientos, y sus mandamientos no son gravosos." Las cosas de Dios son dulces, y no son tan difíciles de llevar o hacer. Cuando amamos a Dios queremos agradarle y queremos estar siempre conectados con Él, sentir u presencia, su calor, su cobertura. Él te guarda como la gallina a sus polluelos.

Apocalipsis 2:4 dice "Pero tengo contra ti, que has dejado tu primer amor. Tu amor se ha enfriado, y lo quieres revivir con cosas materiales, solo Dios puede avivar la llama." Deja que Él te llene de Él, de Su presencia. Que te encienda con el fuego de su Santo Espíritu. Como dice en 2ª de Corintios 7:1 "Así que amados, puesto que tenemos tales promesas, limpiémonos de la contaminación de la carne y del espíritu, perfeccionando la santidad en el temor de Dios."

Santidad quiere decir separación, así que sepárate de todas esas cosas que sabes te alejan del camino hacia la perfección. Pídele a Dios que te lave con la sangre de Su hijo Jesucristo y que te limpie de toda maldad. Pídele que renueve tu espíritu, que te llene de su Espíritu Santo. Que te revele su santa voluntad a través de su Santa Palabra.

Es como el cantico que dice "Muéstrame tu rostro, hazme oír tu voz, porque dulce es la voz tuya, Oh Señor." Este fue un cantico del Salmista. Cuando más le conozcas, más le amaras, y mientras más le amas, más desearas hacer su voluntad.
Mientras más hagas su voluntad, más te llenará y verás que no tendrás que buscar el amor que ya tienes. Pues el amor estará morando en tu corazón y lo llena todo.

La tristeza se fue, el desaliento también. El cambio tu lamento en baile, te lleno de gozo. Y eso quiere decir que ya no vas a sufrir por alguna cosa, pero sí que no será igual. Ahora estas llenas de Él, y su poder sobrepasar todo entendimiento. Ya no estarás sola jamás, pues el Espíritu Santo estará siempre contigo. Siempre y cuando no lo entristezcas con malas acciones, lo hieras, o lo apagues. El Espíritu Santo es una persona, la tercera persona de Dios y vive en ti.

Mejor, se consiente de su presencia en ti, háblale, pídele que te guie, que te enseñe, que no te deje, que sin Él no puedes ni quieres andar. Él es tu ayudador, el cual te mostrará la senda de la salvación, si así lo deseas. Recuerda que Él te guiará a toda verdad. Te amo.

La Medicina Que Necesitas, La Palabra De Dios

Jesucristo vino para establecer su reino.

Como muchos saben, el mundo estaba desordenado y vacío en el principio de la Biblia, la Santa Palabra de Dios, así nos lo deja saber. Dios habló la palabra y hubo orden, y se formaron todas las cosas que hoy vemos y conocemos. Se hizo un Edén y puso una pareja para que comenzaran su gobierno y señorío sobre todo lo creado.

Mas el hombre, Adán, el cual tenía dominio de todo, lo perdió o dejo que el Diablo se lo arrebatara. Por tanto, Dios el Creador, tuvo que hacer otro plan, crear otra solución al problema. Al no encontrar a nadie apto, se habló así mismo, he hizo nacer a Jesús. Jesús, Emanuel, Dios con nosotros, El Mesías prometido, El Salvador del mundo, El Ungido, El Verbo hecho carne, como dice Juan 1:14

Jesucristo vino para salvarnos, para redimirnos y para sanarnos. Lucas 11:21-22 nos dice que cuando el hombre fuerte armado guarda su palacio, en paz está lo que posee. Pero cuando viene otro más fuerte que él, y le vence, le quita todas sus armas en que confiaba y reparte el botín. Ese hombre fuerte es el Diablo, que vino a atar las vidas y mientras las tiene en su poder está tranquilo, en paz. Pero cuando llega Cristo, el hombre fuerte, el que lo enfrentará, el que le quitará el botín, y no solo se lo arrebatará, sino que lo repartirá en aquellos que en Él confía y cree.

1ª de Juan 1:3 "Los que hemos visto y oído, esto os anunciamos, para que también vosotros tengáis comunión con nosotros y nuestra comunión verdaderamente es con el Padre y con el Hijo Jesucristo." Hebreos 2:14-15 "Así que por cuanto los hijos participaron de carne y sangre, el también participó de lo mismo, para destruir por medio de la muerte al que tenía el imperio de la muerte, ese es el Diablo. Y librar a todos los que por el temor de la muerte estaba durante toda la vida sujetos a servidumbre."

Para que vino Cristo, para deshacer las obras del Diablo por medio de su muerte en cruz.

Allí le quitó a Satanás lo que Adán le había entregado. Colosenses 2:15 "Y despojando a los principados y a las potestades, los exhibió públicamente, triunfando sobre de ellos en la cruz." Cuando Cristo fue a la cruz, estaba pisoteando a Satanás en la cabeza. Le estaba quitando la autoridad y el poder que Adán le diera. Ahora sabemos que Satanás es un mentiroso y padre de mentiras, y con eso es que aterroriza a mucha gente que no tiene el conocimiento de la Palabra de Dios.

Juan 8:44 "Vosotros sois de vuestro padre el Diablo y los deseos de vuestro padre quieres hacer. Él ha sido homicida desde el principio, y no ha permanecido en la verdad, porque no hay verdad en él. Cuando habla mentira, de sí mismo habla, porque es mentiroso y padre de mentira."

El Diablo no ha querido aceptar su derrota. Él está derrotado desde más de dos mil años. Fue vencido por Jesucristo en la cruz del calvario. Él está derrotado, dilo conmigo, ¡Está derrotado! La Victoria es total y completa. Esto es posible por Cristo. 1ª de Corintios 15:57 "Mas gracias sean dadas a Dios, que nos ha dado la Victoria por medio de nuestro Señor Jesucristo."
Mia es la Victoria, repítelo, ¡Mia es la Victoria! ¡Yo tengo la Victoria!

Acéptalo, repítelo hasta que forme parte de ti.

Por eso vamos a la iglesia o lugar de reunión, para aprender quienes somos en Cristo. Como podemos hacer las obras que Él hizo, para deshacer las obras del Diablo. Esto lo hacemos a través de la evangelización. Somos gente diseñada para reinar, no solo en el cielo, sino también aquí en la tierra. Para esto se necesita saber cuál debe de ser tu función en el cuerpo de Cristo. Nosotros vamos a avanzar el reino, no como hay muchos que tú le preguntas como están y se sienten aplastados o arrinconados. Te responden, "como tres en un zapato y yo en el medio."

El Diablo esta derrotado, él es el que esta aplastado y puesto debajo de nuestros pies por Cristo. ¿Lo vas a aplastar hoy? Cree en esta palabra, cree lo que te dice la palabra, confiésala, párate firme en ella. Hay muchos que no se atreven parar en esa palabra. Pero yo te reto a que lo hagas, te traigo esta enseñanza hoy para que te pongas en el lugar que Cristo quiere que estés. Romanos 8:37 dice "Antes en todas estas cosas, somos más que vencedores por medio de aquel que nos amó.

Vuelvo y repito. "Somos más que vencedores", repítelo tu también, hasta que esta palabra se haga una realidad en tu vida. El apóstol Pablo sabia esto y quería buscar una palabra más grande que vencedor, y al no encontrarla dijo más que vencedor. Somos más que vencedores por medio de Cristo nuestro Señor. Romanos 16:20 "Y el Dios de paz aplastará en breve a Satanás bajo vuestros pies." La Gracia de nuestro Señor Jesucristo sea con vosotros.

Solo tienes que creer esa palabra. Que está debajo de nuestros pies, aplastado, porque Cristo ahí lo puso con su muerte en cruz, debajo de nuestros pies. Debajo de los pies de la iglesia de Cristo. Los que le reciben, los que creen en su palabra, los que hacen lo que su palabra dice. Por eso también nos habla de la gracia, o sea el regalo que Dios nos da sin merecerlo. Su gracia viene para que podamos disfrutar de una vida victoriosa. La vida de victoria debe de ser real en ti. Esto es para ti, ¿lo crees? ¿lo aceptas? ¿lo recibes?

Para tener una vida de victoria tienes que estar fuerte en Dios y en su palabra. Efesios 6:10-11 "Por los demás hermanos míos, fortaleceos en el Señor, y en el poder de su fuerza. Vestíos de toda la armadura de Dios, para que puedan estar firmes contra las asechanzas del Diablo. Tienes que llenarte de poder, de entusiasmo, de fuerzas. Tienes que mantener la comunión entre tú y Dios. Tienes que llenarte de Él, dejarte guiar por Él, y por su palabra.

Porque si estás anémico espiritual, si no te sientes con fuerzas suficientes para vencer, aquí vengo yo con una inyección para inyectarte ese poder que necesitas. Vengo con una aguja bastante larga para inyectarte y salgas de aquí o al terminar de leer este material, en Victoria. Te llenarás de poder, un amplificador de espiritualidad. La inyección te llenará de su gloria y de su poder, te llenará de gracia.

Toda debilidad se tiene que desaparecer hoy, en este momento. ¿Lo crees? Todo es posible para el que cree. Hoy vas a ser fortalecido, saldrás de este lugar o de tu casa con nuevas fuerzas. Con vigor, con una nueva unción para pelear contra las huestes de maldad. Verás que vencerás y seguirás victorioso.
Ahora te resta darle gracias a Dios. Agradecer lo ha hecho, lo que hará y seguirá haciendo.

1ª de Corintios 2:14 "Más a Dios gracias, el cual nos lleva siempre en triunfo en Cristo Jesús." Por medio de nosotros manifiesta en todo lugar el olor de su conocimiento. Dios nos lleva, ¿cuándo? Siempre, y siempre es siempre, lunes, martes, miércoles, jueves, viernes, sábado y domingo. Todos los días, 24 horas del día, los 7 días de la semana, todo el mes, todo el año.

No hay nada que quede fuera de Siempre. ¿Dónde nos lleva? A la casa, la iglesia, al trabajo, la escuela, el parque, por la calle. En todo lugar. Por eso me puedo parar en los pulpitos y donde sea a predicar. Para que se sepa quiénes somos en Cristo y que dejemos que Él hable a través de nosotros.

Cristo fue el diseño y nos dejó el manual de preparación y la encomienda de hacer lo mismo. Marcos 1:15 Jesús dijo "El tiempo se ha cumplido, y el reino de Dios se ha acercado; arrepentíos y creed en el evangelio." Hay que predicar que hay victoria en Cristo. Predicar con poder, predicar con denuedo y con autoridad.

Cristo echó fuera demonios, echó fuera a Satanás, los principados y potestades. De igual manera nosotros debemos de hacer. Tenemos el poder y la misma autoridad. Entonces, ¿porque es que muchos no ejercen esta autoridad delegada?
Porque no ha aceptado la responsabilidad, no quieren comprometerse con la verdad.

Yo llevo toda mi vida en los caminos del Señor, nacida y criada de padres creyentes del evangelio de Cristo. Así que en mi caminar con Dios, he tenido mis encuentros con gente endemoniada y he pasado muchas horas peleando con los demonios que he encontrado creyentes y no creyentes. Pues muchas veces esos llegan a la iglesia. Si, en las iglesias llega gente endemoniada, ahí se comienza el campo de batalla y de entrenamiento.

Un día llego un endemoniado a la iglesia y agarró al pastor por la corbata. Los hermanos reaccionaron en la carne, querían sacar al endemoniado a golpes y el casi sin aire, pero tratando de controlar al endemoniado, pero también tratando de controlar a la congregación, porque no es así como se echa fuera demonios.

No salen a golpes, sino con el poder y la autoridad que hay en la palabra de Dios. Así que tomó poder y autoridad y le ordenó al endemoniado en el nombre de Jesús, que se fuera, lo suelte, y se saliera de allí. El hombre cayó como muerto, después tuvo que orar para que no se muriera.

Nosotros tenemos poder y autoridad. Lucas 11:19-20 "He aquí os doy potestad de hoyar serpientes, escorpiones, y sobre toda fuerza del enemigo, y nada os dañara. Pero no os regocijéis que los espíritus se os sujetan, sino regocijaos de que vuestro nombre este escrito en los cielos."

Eres un creyente, eres de Dios, comprado con la sangre de Cristo. Así que solo tienes que orar con autoridad y usar el dedo de Dios, la autoridad de Dios y el poder de Dios que te ha sido dado. Pon en obra tu fe y ten la confianza de que hay poder en ti, para atar y desatar, para echar fuera demonios, para sacar de las tinieblas y traerlos a la luz admirable de Cristo. Tú puedes, tienes el poder, y la autoridad, úsala.

Marcos 16:15-18 y les dijo "Id por todo el mundo y predicar el evangelio a toda criatura. El que creyere y fuere bautizado será salvo, más el que no creyere, será condenado. Y estas señales seguirán a los que creyeren. En mi nombre echaran fuera demonios, hablaran nuevas lenguas, tomarán en sus manos serpientes y se beberán cosas mortíferas, y no les hará daño, sobre los enfermos pondrán las manos y sanaran."

Hay que predicar el evangelio, pero se debe de conocer el evangelio primero, vivirlo, y estar lleno del poder de Dios.

Sabrás cuando estás lleno por las señales o los frutos que haya en ti. En el nombre de Jesús echarás fuera demonios, hablarás nuevas lenguas, porque tienes comunicación con el Padre.

Tienes comunión con el Padre, Dios es Espíritu y como tal debemos de comunicarnos con Él en espíritu. El que habla en lenguas, habla directo a Dios, y te fortaleces tú y tu espíritu.

Hay que predicar, hay que hablar nuevas lenguas y llenarse del poder de Dios, más se nos da otra encomienda. Sobre los enfermos pondrán las manos y sanarán. Si queremos establecer el reino de Dios en esta tierra, tenemos que actuar en esa palabra, poner las manos sobre los enfermos y sanarlos.

Ahora toda persona que se enferma, ¿tiene demonios? No, no todas las enfermedades son causadas por demonios, muchas llegan por descuido nuestro. Por la mala alimentación, comes de más, o lo que no debes, cantidades excesivas, sin control o limitaciones, comidas sin los nutrientes necesarios, y muchas veces en el horario incorrecto. Por trabajar mucho y no descansar lo suficiente o reposas mucho, te la pasas sentado, te gusta el ñame, descansas tanto que terminas débil, cansado, enterrado en la profundidad de la tierra, todo enterrado como el ñame. Te enfermas por la contaminación ambiental, los aires están contaminados de toxinas y alérgenos que te afectan tu salud. Por virus, enfermedades que hay en los aires.

¿Qué enfermedad produce vida? ¿Qué enfermedad enriquece?

Ninguna

Toda enfermedad vino para robar, al igual que el adversario de nuestras vidas. Juan 10:10 dice "El ladrón no viene sino para hurtar, matar y destruir: más Yo he venido para que tengan vida y para que la tengan en abundancia." Cristo también dijo que su reino es para deshacer las obras del Diablo. Romanos 14:17 "Porque el reino de Dios no es comida ni bebida, sino justicia, paz y gozo en el Espíritu Santo. El reino de Dios es para traer paz, tenemos que poner las manos sobre los enfermos y creer lo que dice La Palabra. Sanaran.

¿Que producen las enfermedades? Debilidad, tristeza, acortan la vida, hasta la muerte. También te roban el vigor, energías, fuerzas, tu alegría, tu paz, tu gozo, tus esperanzas, tus finanzas, tus expectativas del futuro, No hay futuro. Alteran tu apariencia física, te arrastras sin fuerzas, muchos les amputan sus piernas, quedan cojos, otros se les daña la vista, se tuercen por la artritis, reuma y quedan manco.

La enfermedad altera tu estado mental, no te sientes bien, crees que no hay esperanzas. La enfermedad altera tu estado espiritual, le reclamas al Señor, "mira Señor, como me tienes, ¿qué pasa contigo que no me sanas? Yo que soy santo y fiel, mira como vivo. Para que voy a orar si no me respondes, no me sanas."
La enfermedad causa crisis, crisis matrimonial, mira que esta mujer esta menopaúsica, ya ni fi ni fa, mira que este hombre es un imprudente, ya no lo soporto.

También la enfermedad trae crisis nacional y mundial.
Se acuerdan de una crisis que hubo un tiempito atrás, que todo el mundo tenía que vacunarse, aunque no quisiera, muchos lo hicieron, la crisis de la fiebre de los cerdos. Y usted asustado porque tal vez se convierte en cerdo. Ahora tal vez no te acuerdas de eso, de seguro que esta mañana comiste tocineta y eso es cerdo.

¿Se te olvido que el mundo está asustado? La gente que estudian los tiempos están asustados por las enfermedades de hoy día. Están asustado de cómo se han propagado y no hay medicinas para ellas. La gente de mi edad, "los baby boomers," como se nos conoce, están siendo acabados por la diabetes, la cual mi pastor le llama diabletes.

Los únicos que podemos poner un paro a esto, somos nosotros.
La Iglesia: Sobre los enfermos pondrán sus manos y sanarán.
Está en nosotros el hacerlo. Entonces, ¿por qué corres al médico?
Hoy corremos al médico, a las vacunas, a las operaciones.

Que es más fácil, poner las manos, decir la palabra, usar el nombre de Jesús, o corre al médico, usar las medicina, o ser operado, donde tienes que firmar un papel antes donde no te garantizan el trabajo, si te arreglan o si no sales de la operación.
El primero que tiene que ponerse las manos encima, eres tú. Orate a ti mismo, ordénale a tu cuerpo que se alinee con la palabra de Dios. Ordénale, se sano, con toda la autoridad que Dios te ha dado. ¡Comienza contigo!

Éxodo 15:26 Y dijo, "Si oyeres atentamente la voz de Jehová tu Dios, y si hicieres lo recto delante de sus ojos, y dieres oído a sus mandamientos, y guardares todos sus estatutos, ninguna enfermedad de las que envié a los egipcios, te enviaré a ti, porque Yo soy Jehová tu Sanador." Cuatro cosas que son necesarias para asegurar tu sanidad: Oír la voz de Dios, hacer lo recto, oír y guardar sus mandamientos.

Jehová es mi Sanador y tu Sanador. Salmos 103:1-3 Bendice alma mía a Jehová, y bendiga todo mi ser su Santo nombre.
Bendice alma mía a Jehová, y no olvides ninguno de sus beneficios. Él es quien perdona todas tus iniquidades, Él que sana todas tus dolencias."

Sea que sana todas tus dolencias, tus enfermedades, no hay cáncer, no hay sida, no hay tuberculosis, hipertensión, artritis o diabetes, etc. Cuando Dios sana, sana de verdad. Él dijo en su santa palabra que Él es la medicina que necesitamos.
Proverbios16:20-22 "El entendido en la palabra, hallara el bien, y el que confía en Jehová, es bien aventurado. El sabio de corazón es llamado prudente, y la dulzura de labios aumenta el saber. Manantial de vida es el entendimiento, al que la posee, más la erudición de los necios es necedad."

La Palabra de Jehová es medicina a todo tu cuerpo.
Proverbios 16:24 "Panal de miel son los dichos suaves, suavidad al alma y medicina para los huesos. La Palabra de Dios es medicina a todos mis huesos."

¿Quién dijo que la artritis no tiene sanidad? ¿Quién dijo que las dolamas en las coyunturas y la parálisis, no se sanan? La Palabra de Dios es más cortante que una espada de dos filos.
Dios corre detrás de su palabra, para que se cumpla. Él la apresura y le da velocidad.

Isaías 55:10-11 "Por que como desciende desde los cielos la lluvia y la nieve y no vuelve allá, sino que riega la tierra, y la hace germinar y producir, y da semilla al que siembra, y pan al que come, así será Mi Palabra, que sale de mi boca; no volverá atrás vacía, sino que hará lo que Yo quiero y será prosperada en aquello para que la envié."

¿Alguno ha visto que cuando la lluvia o la nieve caen se desvía y no toca la tierra? No, caen en tierra y caen para hacer el efecto para el cual ha sido enviada. Isaías 53:4-5 "Ciertamente llevó Él nuestras enfermedades, y sufrió nuestros dolores, y nosotros le tuvimos por azotado, por herido de Dios y abatido, Mas Él herido fue por nuestras rebeliones, molido por nuestros pecados, el castigo de nuestra paz fue sobre Él, y por sus llagas fuimos nosotros curados."

Cristo ya llevo por nosotros el pago de nuestra deuda al morir en la cruz. Aquí dice claramente que por sus llagas fuimos curados. Ya está hecho, Él ya lo hizo, ya pago el precio.
Acéptalo, no lo desprecies, valorízalo, créelo. Es para ti y para mí, para todos los que creen en Él.

1ª de Pedro2: 24 "Quien llevo Él mismo nuestros pecados en su cuerpo, sobre el madero, para que nosotros, estando muertos a los pecados, vivamos a la justicia, y por cuyas heridas fuiste sanados. Se sano hoy, ahora mismo, en el nombre de Jesús."

En el nombre de Jesús, yo declaro la Palabra hoy." Se sanó" Hoy cesa la enfermedad, hoy sana el hígado, la diabetes, como se llame tu enfermedad. Hoy se sanó o sana, por la palabra que es viva, la palabra de Dios. La palabra que tiene poder, y no cambia. 1ª de Pedro 2:2 "Desead como niños recién nacidos, la leche espiritual, no adulterada, para que por ella crezcáis para salvación.

Cristo mismo llevó todas las enfermedades en la cruz, por ti y por mí. ¿Puedes creer que Cristo llevo todos tus pecados al morir? ¿Cuándo te sano? ¿Cuándo te salvo? Más de dos mil años atrás. Solo tienes que creerlo, di la palabra, cree la palabra y serás sano en el nombre de Jesús. Esa es la medicina que tú y yo necesitamos, Su Palabra.

Dios No Te Quiere Caído

Podemos caer, dice la Palabra de Dios que ata siete veces; pero no tenemos que quedarnos en el suelo. ¡Levántate nuevamente! A el justo, Dios lo levanta, ¿No es eso maravilloso? En Proverbios 24:16 La Santa Biblia nos dice "Siete veces cae el justo, y vuelve a levantarse, más los impíos caerán en el mal."

El Salmos 34:19 dice: "Muchas son las aflicciones del justo, pero de todas ellas le librará Jehová" y el verso 4 dice: "Busqué a Jehová y Él me oyó, y me libró de todos mis temores." El verso 6 dice, "Este pobre clamó a Jehová y Él me oyó, y me libró de todas mis angustias." También en el verso 17 dice, "Claman los justos, y Jehová los oye, y los libra de sus angustias."

Entonces, ¿porque estas tirado o te sientes arrastrado por el suelo y en estancamiento? Si tienes promesa de que Dios no va a dejarte tirado, sino que te ha librado, y de que quiere sacarte del atolladero en que te encuentras. Él quiere rescatarte. No solo en ese momento, sino que quiere librarte de todas tus angustias, temores, aflicciones y males.

Él te oye, Jehová te oye y te alumbra, Él es tu luz. No temas a la obscuridad. Miqueas 7:8 dice "Tu, enemiga mía, no te alegres de mí, porque si caí, me levantare, aunque more en tinieblas, Jehová es mi luz." Me gusta mostrarte las cosas por medio de la palabra de Dios porque como lo dice la Biblia, el cielo y la tierra pasará, más su palabra no pasará.

En Proverbios 24:17-18 dice "Cuando cayere tu enemigo, no te regocijes, y cuando tropezare, no se alegre tu corazón. No sea que Jehová lo mire, y le desagrade, y aparte de sobre el su enojo." Salmos 37:24 mira lo que dice: "Cuando el hombre cayere, no quedará postrado, porque Jehová sostiene su mano." No te debes de alegrar del mal ajeno, ni debes de sentirte mejor que nadie. Porque el Salmos 147:6 dice "Que

Jehová exalta a los humildes y humilla a los impíos hasta la tierra."
Sé que muchos no sacamos el tiempo para leer las sagradas escrituras, pero si un libro, es una táctica que usa el enemigo de nuestras almas para tenerle repelillo a la santa biblia, para que no nos llegue la luz. Pues no hay nada más lindo que leer la Biblia y conocer las promesas que Dios nos da por medio de ella. Salmos 146:8-9 "Jehová liberta a los cautivos, Jehová abre los ojos de los ciegos. Jehová levanta a los caídos, ama a los justos, Jehová guarda a los extranjeros, al huérfano y a la viuda sostiene. El camino de los impíos trastorna.

Aquí te daré siete cosas maravillosas que Jehová nuestro Dios hace: <u>Él liberta</u>, nos libra de maldad, de tentación, del mal, del pecado, de la enfermedad, y de la maldición. Él <u>abre puertas de bendición</u>, las de nuestro corazón, que tal vez hayan estado cerradas por el odio, dolor, o mal trato. <u>Te levanta</u> si estas caído, arrastrado, o desvanecido. <u>Te ama</u>, su amor es maravilloso, amor demostrado a nosotros a través de su hijo Jesús, su muerte en la cruz, su Espíritu Santo y su palabra.

<u>Te guarda</u>, Dios no nos deja solos o huérfanos. La Biblia dice que el Ángel de Jehová acampa en derredor de los que le aman y lo buscan, los que creen en Él. <u>Él nos sostiene</u>, nos da aliento, nos fortalece, y da palabras de aliento. También nos <u>Transforma</u>, cambia nuestras vidas. Si no le conocemos, Él nos muestra su amor, bondad y misericordia. Nos saca de la ignorancia y la obscuridad y nos trae al conocimiento y luz del evangelio.

No es que seas perfecto, ni santo, pero hay que buscar la perfección y la santidad. Mira lo que pasa si no cambias, Job era un hombre justo, más sin embargo mira lo que dice; Job 31:29 "Si, me alegré en el quebrantamiento del que me aborrecía, y me regocijé cuando le halló el mal. No debemos de alegrarnos del mal de la otra persona. El libro de

Abdías 12 dice "Pues no debiste tu haber estado mirando en el día de tu hermano."

En el día de su infortunio, no debiste haberte alegrado de los hijos de Judá. En el día en que perdieron, no debiste haberte jactado. En el día de la angustia, no debiste divulgar los secretos, ni las debilidades de otros. Isaías 9:2 dice "El pueblo que andaba en tinieblas, vio gran luz, los que moraban en tierra de sombra de muerte, luz resplandeció, sobre ellos.

Hay muchos que están como estábamos tu y yo en un tiempo en tinieblas, y ellos necesitan ver la luz, el brillo, el resplandor. Porque moran o viven en las tinieblas, en obscuridad, no conocen que hay uno que les puede dar luz a sus vidas.
¡Levántate, resplandece que ha llegado tu luz! Deja que su luz brille en ti. Que vean el cambio que Dios ha hecho en tu vida. Que, si te vieron caído, puedan ver que no te quedaste caído, tirado allí en la tierra, en el lodo, en el fango, que Jehová te levanto. Dale la Gloria. Pues Él lo merece y quiere lo mejor para ti. Levántate, resplandece pues ha llegado tu luz. Levántate, no te quedes caído. Cuando caigas párate de nuevo.

¡Dios Necesito De ti!

Cuantas veces has dicho esta frase en tu vida. Yo lo he hecho muchas veces, tantas que perdí la cuenta. En mi diario caminar he necesitado expresarlo. He tenido veces que no sé qué hacer ni a quien acudir, es ahí cuando recuerdo y hago como el Salmista, cuando dijo, "Alzare mis ojos al monte, de donde vendrá mi socorro, mi socorro viene de Jehová" Salmos 121:1- "miro a los cielos y clamo."

No hay nada malo en eso, todos tenemos dificultades y pruebas. Todos en un momento dado hemos clamado a Dios. Nuestro Padre Celestial nos oye, y no solo nos oye, sino que nos contesta. Él tiene el oído afinado, nunca está ocupado, nunca me contesta de mala manera. Siempre me contesta con voz dulce y amorosa.

En la Biblia dice "Clama a mí, que yo te responderé" Cuando yo pequeña cantaba un coro que decía "Yo tengo un amigo que me ama y su nombre es Jesús." También hay un verso que dice, "Claman los justos y Jehová le responde." Cuando clamamos estamos diciendo abiertamente que estamos en necesidad de algo.

Como dije anteriormente, he tenido necesidad de clamar a Dios. Tuve la dicha de conocerlo a muy temprana edad. Sabía que Él era el único que no me fallaría, pues el hombre me falló, una y otra vez. Él es mi mejor amigo. No mira mis imperfecciones solamente. Ve más allá de lo que puedas imaginar o entender. Me ama y te ama tal y como eres. Por tanto, si necesitas ayuda, no temas en acudir a Él. Dile a Dios te Necesito, te Anhelo y Espero tu ayuda. Eres mi Socorro. Gracias.

El solo anhela tener comunión con nosotros. Acércate en confianza.